교실 밖에서 **발견**하는 수학의 원리

디스커버리 수학 6

초등 3학년 이상

학교에서는 경험할 수 없었던 **흥미만점 수학 도전과제**

미션 **11** 초고층 건물 세우기
미션 **12** 롤러코스터 설계

아울북

들어가는 말

- 생활 주변에서 일어나는 현상을 수학적으로 관찰하고 조직하는 경험을 통하여 수학의 기초적인 개념, 원리, 법칙을 이해하는 능력을 기른다.
- 수학적으로 사고하고 의사소통하는 능력을 길러 생활 주변에서 일어나는 문제를 합리적으로 해결하는 능력을 기른다.
- 수학에 대한 관심과 흥미를 가지고, 수학의 가치를 이해하며 수학에 대한 긍정적 태도를 기른다.

위의 세 가지는 바로 2009년부터 시행되는 개정 교육과정에 제시된 초등학교 수학교육의 목표입니다. 이 목표가 제대로 이루어진다면 초등학교를 마친 학생들은 수학을 친근하게 느끼고, 수학적인 사고력으로 주변에서 부딪히는 문제들을 해결해 나갈 수 있을 것입니다.

그런데 우리 어린이들은 '수학'이라는 말만 들어도 고개를 절레절레 흔듭니다. 그냥 어려운 것이 아니라 왜 배우는지를 모릅니다. 어찌 생각하면 어른들이 어린이들을 골탕 먹이려고 만든 것이 아닐까 의심하기도 합니다.

왜 이렇게 되었을까요?

바로 우리 어른들이 아이들에게 강요한 수학 공부의 방식에 그 답이 있습니다. 우리 아이들은 초등학교 때부터 매일매일 풀어야 하는 학습지와 계산력을 높이는 반복학습형 학습지에 치여 삽니다. 왜 수학이 필요한지, 수학이 어떻게 우리 생활에 도움이 되는지, 수학을 통해서 길러지는 사고력이 얼마나 중요한지는 느껴볼 겨를이 없습니다. 오히려 반복되는 계산과 단순 문제 풀이가 아이들로 하여금 점점 수학을 외면하고 피하게 만듭니다.

영국 초등학생들이 배우는 'Using Maths - Exciting Real Life Maths Activities (수학 활용하기 – 흥미진진한 실생활 수학 활동)'는 아울북 초등교육연구소가 우리 아이들에게 수학의 재미를 찾아주고, 수학적 사고력과 실생활 활용 능력을 키워 주기 위해 소개하는 첫 번째 외국 수학책입니다.

영국 Ticktock사에서 총 12권으로 발간한 〈Using Maths〉 시리즈는 아이들이 흥미 있어 하는 12개의 분야를 뽑아, 그 분야의 생활을 통해 수학적 사고를 기르고 문제를 해결하는 경험을 하도록 구성되어 있습니다.

예를 들어 아이들이 즐겨 찾는 '동물원을 구하라'편 (제 1권 미션1) 을 보면, 동물원에서 벌어지는 여러 가지 활동들을 보여줍니다. 어떤 동물을 동물원에 데려와서, 돌보고, 치료하고, 새끼를 낳아 키우는 과정을 보여줌으로써 현실성과 흥미를 느끼게 합니다. 그리고 그 과정에서 부딪히는 문제들을 수학적으로 사고하고 해결할 수 있도록 자료와 문제를 제시합니다. 아이들은 흥미 있는 소재를 따라가며 재미있고 자연스럽게 수학적 사고와 문제 해결 방법을 익히게 됩니다.

또한 점보제트기 조종, 에베레스트 등반 등 모두 12가지 주제에서 과학, 지리 등 여러 가지 분야와 관련된 문제들을 해결하면서 통합적인 사고력을 키우게 됩니다. 여러 가지 직업에 대한 정보도 얻고, 미래의 그가 되어 간접 경험을 하는 것은 이 책이 선물하는 덤입니다.

〈디스커버리 수학 시리즈〉는 수학의 기본 개념을 이해하고 있는 학생들이 읽으면 좋습니다. 이런 학생들은 이 책의 활동을 따라가며 제시되는 자료들을 분류하고 활용하면서 수학적 창의성과 통합적 사고력을 키우게 될 것입니다.

또한 〈디스커버리 수학 시리즈〉는 수학의 가치를 이해하지 못하는 아이들에게도, 학교에서 배우는 수학이 사실 아주 재미있는 과목이며, 우리 생활과 밀접하게 연관되어 있다는 것을 느끼게 해줌으로써 학습 동기와 의욕을 북돋아줄 것입니다.

〈디스커버리 수학 시리즈〉는 모두 6권으로 구성되어 있습니다.

	제 1권	제 2권	제 3권	제 4권	제 5권	제 6권
미션 1	동물원을 구하라	자동차 경주에서 우승하기	스턴트맨이 되어 보자	산에서 살아남기	화성 탐사	초고층 건물 세우기
미션 2	나는야 과학수사대	날아라! 점보제트	도전! 익스트림 스포츠	에베레스트 등반	체험! 종합병원 응급실	롤러코스터 설계

아울북 초등교육연구소

이렇게 활용해요

수학은 우리가 살아가는 데 중요한 역할을 합니다. 게임을 하거나 자전거를 탈 때, 쇼핑할 때 등 사실 하루 종일 수학이 사용되지 않는 곳이 없어요. 일을 할 때에도 누구나가 수학을 사용할 필요가 있답니다. 여러분이 잘 느끼지 못할 수 있지만, 고층 건물을 설계하고 지을 때에도 수학을 이용한답니다. 이 책을 통해 여러분은 고층 건물을 짓는 것과 같은 실제 생활의 자료와 사실을 가지고 흥미로운 수학 활동을 할 거예요. 수학적 사고력을 키우고 또 한편으로는 고층 건물에 대한 지식도 차곡차곡 쌓을 수 있을 것입니다.

다음을 보면 이 흥미로운 책을 효과적으로 활용하는 데 도움이 될 거예요.

세계의 고층 건물에 대해서 알고, 고층 건물을 짓는 방법에 대한 읽을거리

작업 일지

세계의 고층 건물의 종류와 역사에 대해서 알고, 그런 고층 건물을 설계하고 완공에 이르기까지에 대해 알아봅니다. 이 일지는 내가 직접 설계사가 되어 고층 건물을 지으면서 필요한 수학적 내용을 해결하기 위한 질문이에요.
몇몇 질문의 답을 찾기 위해, DATA BOX에서 자료를 수집하는 것이 필요하며, 때로는 도표나 도형 또는 문장으로부터 자료와 사실을 찾아야 합니다.

준비가 되었나요? 그렇다면 흥미로운 고층 건물과 수학을 경험해 볼까요?

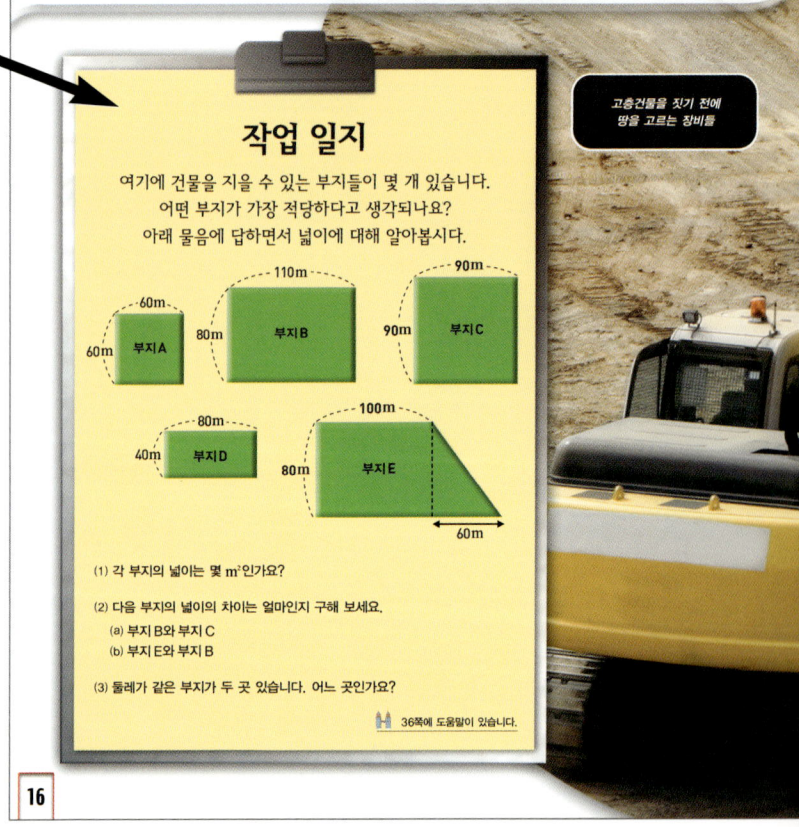

DATA BOX

이 박스에는 여러분의 수학적 활동을 도와주는 중요한 자료들이 있어요. 이 자료를 충분히 활용해 보세요.

도전 문제

자신 있다면 이 문제에 도전해 보세요.

마무리 도전 문제

11개의 이야기를 통해 고층 건물을 무사히 지었다면, [마무리 도전 문제]를 통해 실력을 한 단계 업그레이드 시켜 보세요.

성공을 위한 팁

도전 중 도움이 필요하다면, [성공을 위한 팁]에 여러분을 도와줄 설명이 있답니다.

이해를 돕는 개념 설명

만일 [성공을 위한 팁]의 내용을 좀더 깊게 알고 싶다면, [이해를 돕는 개념 설명]을 참고해 보세요.

정답 및 해설

72-79쪽에서 정답을 확인해 보세요. 정답을 보기 전에 가능한 모든 방법을 찾아보고, 깊게 생각해 보기 바랍니다.

주제와 관련된 재미있는 이야기

DATA BOX 용적률

부지의 넓이에 따라 건물의 넓이가 정해져 있는 도시들이 많습니다. 이때 사용하는 규칙을 용적률이라고 부릅니다.

용적률을 계산하려면, 먼저 전체 부지의 넓이를 구합니다. 그 다음 전체 부지의 넓이에 건물을 지으려고 하는 도시의 용적률을 곱합니다. 뉴욕의 최대 용적률은 18입니다.

부지의 넓이에 최대 용적률을 곱해서 나온 값이 우리가 팔거나 임대*할 수 있는 건물의 넓이입니다. 이때 지하, 기계실, 지붕, 주차장의 면적은 포함되지 않습니다.

예를 들면, 뉴욕의 10000m²의 땅에 건물을 지으려고 한다면, 180000m²까지 임대할 수 있게 되는 것입니다. 만약 100층짜리 건물을 짓는다면, 1층의 평균 넓이는 약 1800m²가 될 것입니다.

시카고의 최대 용적률은 34나 됩니다. 시카고에 높은 건물이 많은 것도 이것 때문입니다.

*임대: 돈을 받고 자기의 물건을 남에게 빌려줌

기초 공사

지반이 약한 땅에 고층 건물을 지을 때에는 '움직이는 뗏목'이라고 불리는 기초 공사를 합니다. 커다란 구멍을 파고, 그 구멍에서 뺀 흙과 똑같은 무게의 건물을 짓는 것입니다. 결국 흙이 있던 곳에 흙 대신 같은 무게의 건물이 놓이는 것입니다.

고층 건물은 매우 무겁습니다. 예를 들어 타이베이 101 타워의 무게는 무려 700000톤(t)인데, 이것은 7억 kg입니다.

도전 문제

DATA BOX 와 [작업 일지]의 답을 이용하여 다음 물음에 답해 보세요.

용적률이 17.5라면, 임대할 수 있는 건물의 최대 넓이는 몇 m²인가요?

(a) 부지 A에 짓는다면?
(b) 부지 B에 짓는다면?
(c) 부지 C에 짓는다면?
(d) 부지 D에 짓는다면?
(e) 부지 E에 짓는다면?

목차

미션 11 초고층 건물 세우기

초고층 건물을 짓기 전에	10
세계의 초고층 건물	12
초고층 건물의 역사	14
건물 부지 정하기	16
초고층 건물의 강도	18
초고층 건물의 디자인	20
기초 다지기	22
튼튼한 구조	24
지진이 일어나면?	26
엘리베이터와 비상계단	28
건축 공사	30
완성!	32
마무리 도전 문제	34
성공을 위한 팁	36
이해를 돕는 개념 설명	38

미션 12 롤러코스터 설계

롤러코스터를 설계하기 전에	42
롤러코스터에 대하여	44
어디에 롤러코스터를 지을까?	46
롤러코스터의 원리	48
롤러코스터 디자인	50
비틀기, 돌기, 오르내리기	52
고리와 터널	54
승객의 수	56
재료 주문하기	58
롤러코스터 짓기	60
점검과 시험 운행	62
최종 작업	64
마무리 도전 문제	66
성공을 위한 팁	68
이해를 돕는 개념 설명	70
정답 및 해설	72

미션 11 초고층 건물 세우기

STAGE 1 세계의 초고층 건물
STAGE 2 초고층 건물의 역사
STAGE 3 건물 부지 정하기
STAGE 4 초고층 건물의 강도

이런 내용들을 공부해요

계산
암산을 하거나 종이에 적어서 계산하며, 덧셈, 뺄셈, 곱셈, 나눗셈을 연습할 것입니다.

수
- 수 비교하기 : 12, 15, 26쪽
- 소수 : 26쪽
- 어림하기 : 28, 30, 31쪽
- 음수 : 22, 23쪽
- 수의 순서 : 26쪽
- 반올림하기 : 18, 26, 28쪽

생활 속 문제 해결
- 시간 : 15, 28쪽
- 달력 보기 : 30쪽

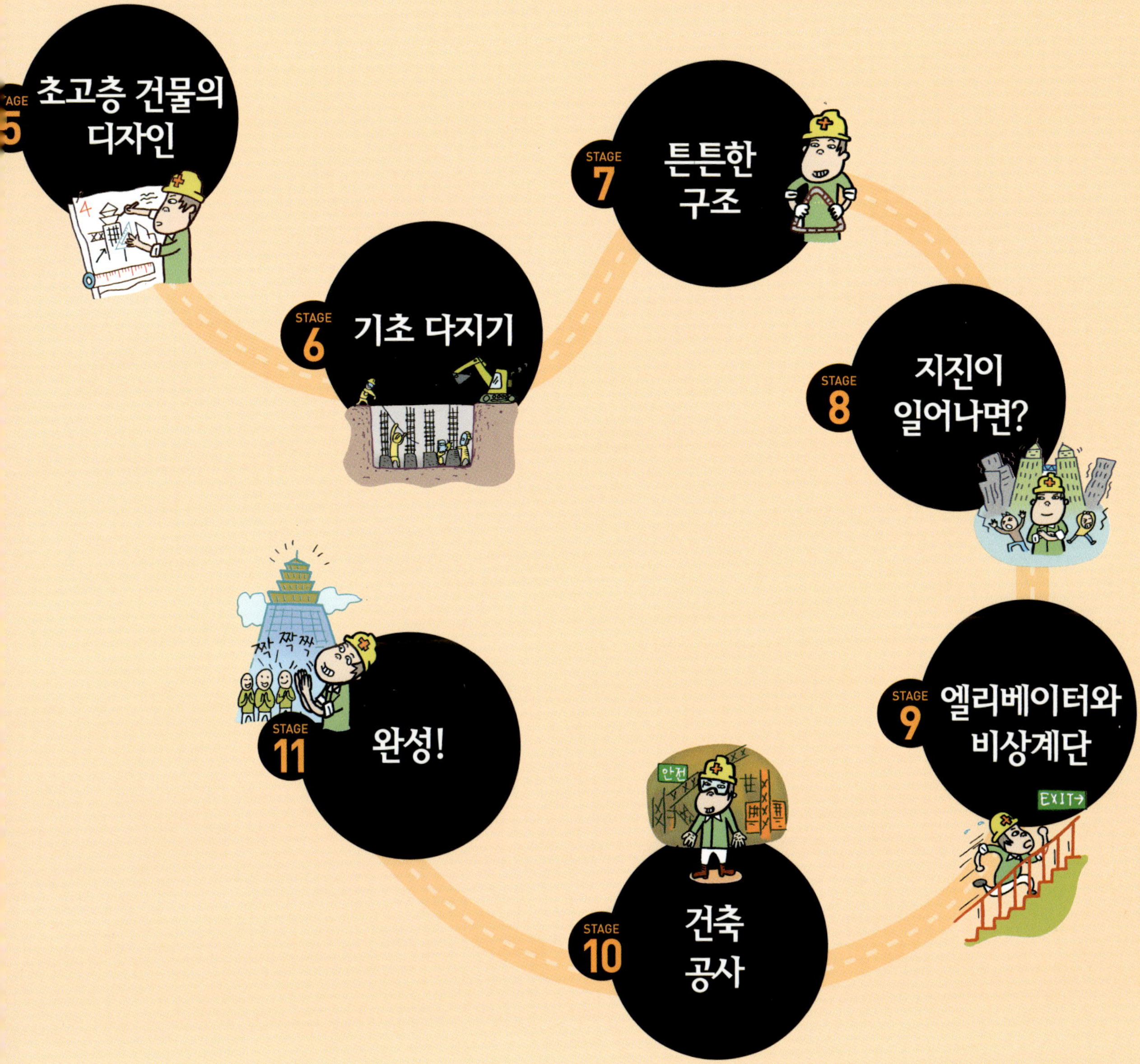
STAGE 5 초고층 건물의 디자인
STAGE 6 기초 다지기
STAGE 7 튼튼한 구조
STAGE 8 지진이 일어나면?
STAGE 9 엘리베이터와 비상계단
EXIT→
STAGE 10 건축 공사
안전
STAGE 11 완성!
짝 짝 짝

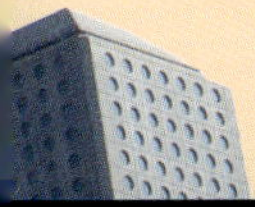

자료 다루기

- 표 : 13쪽
- 그래프 : 15쪽
- 공식 사용하기 : 17, 33쪽

측정

- 측정 단위 변환 : 32, 33쪽

도형과 공간

- 평면도형 : 16, 18, 24쪽
- 입체도형 : 20, 21쪽
- 각도 : 24쪽
- 넓이 : 16, 17, 18, 20, 32쪽
- 선대칭 : 24쪽
- 둘레의 길이 : 16, 18쪽
- 부피 : 20, 21쪽

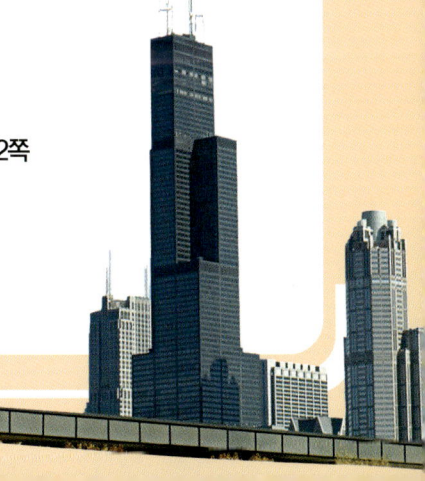

초고층 건물을 짓기 전에

여러분이 살고 있는 건물에서 가장 높은 층은 몇 층입니까?
여러분은 몇 층에서 살고 있나요?
여러분이 살고 있는 건물의 높이는 몇 m쯤 될까요?

건물에 따라 조금씩 다르지만 아래층과 바로 위층 사이의 간격은 대략 3m입니다. 만약 10층에 살고 있다면, 1층(바닥층)에서부터 9층 올라간 곳이니까 27m! 땅에서 약 27m 높이에서 먹고, 공부하고, 잠을 자고 있다는 거죠.

그렇다면 우리 나라에서 가장 높은 건물이 무엇인지 아나요?

2008년 현재 우리 나라에서 가장 높은 건물은 서울 도곡동에 있는 타워팰리스로 69층이며 높이는 263.7m랍니다.

그 다음은 목동에 있는 하이페리온으로 256m예요.

우리가 잘 알고 있는 여의도의 63빌딩은 249m로 3등이랍니다.

63빌딩은 사무실과 음식점, 수족관 등 상업적인 용도로 사용하는 곳이지만, 타워팰리스는 사람이 사는 건물이에요. 타워팰리스의 제일 꼭대기인 69층에 살면 어떤 느낌일까요?

세계에서 가장 높은 건물이 무엇인지도 궁금하지요?
2008년까지 세계에서 가장 높은 건물은 대만에 있는 '타이베이 101 타워'예요. 층수는 101층인데 첨탑(주로 안테나 시설)을 제외한 높이가 509.2m로 가장 높지요. 만약 첨탑의 높이까지 건물의 높이로 인정한다면, 미국 시카고의 '시어스 타워'가 가장 높은 건물이 돼요. '시어스 타워'는 첨탑을 포함한 높이가 527.3m이고, 층수는 108층입니다.

하지만 이 두 개의 기록도 곧 깨질 거예요. 왜냐하면 **아랍에미레이트(UAE) 두바이에 '버즈 두바이'라는 건물**을 짓고 있거든요. 이 건물은 2009년 완공 예정으로 160층까지 세워질 거예요. 총 높이는 약 800m에 이를 거랍니다. 63빌딩(249m) 3개를 쌓은 높이예요. 상상이 되나요? 넓이도 넓어요. 이 건물 전체 층의 넓이를 더하면, 우리 나라 삼성동 코엑스 몰의 약 4배, 잠실 종합운동장의 약 56배 넓이입니다. 대단하죠?

그리고 또 한 가지! 이 '버즈 두바이'를 짓고 있는 회사가 우리 나라 회사랍니다. 우리의 기술로 세계에서 가장 높은 건물을 만들고 있다니, 어쩐지 어깨가 으쓱해지지 않나요?

자, 이번에는 우리가 직접 멋진 고층 건물을 설계해 봅시다.

STAGE 1 세계의 초고층 건물

나는 다국적 은행이 들어설 고층 건물을 1조 원에 설계해 달라는 제안을 받았습니다. 높이가 400m에 이를 이 건물은 세계에서 가장 높은 건물들 중 하나가 될 거예요. 그래서 세계 곳곳에 있는 다른 고층 건물들의 높이는 얼마이고, 어떤 모양을 하고 있으며, 언제 세워졌는지 알아보기로 했습니다. 돋보이는 고층 건물을 만들기 위해서는 어떤 모양으로 만들 것인지 고민해야 하거든요. 많은 사람들이 만들어 온 고층 건물 중 세계에서 가장 큰 건물은 아랍에미레이트연합국에 건설 중인 160층인 버즈 두바이랍니다.

작업 일지

DATA BOX 에는 세계에서 가장 높은 고층 건물들에 대한 기록이 적혀 있습니다. 이 정보를 이용하여 다음 물음에 답해 보세요.

(1) (a) 가장 높은 건물은 어느 것인가요?
　　(b) 가장 오래된 건물은 어느 것인가요?
　　(c) 가장 층수가 많은 건물은 어느 것인가요?

(2) (a) 타이베이 101 타워는 스카이 센트럴 프라자보다 몇 층이 더 많은가요?
　　(b) 진 마오 빌딩은 뱅크 오브 차이나 타워보다 몇 층이 더 많은가요?
　　(c) 시어스 타워는 숭 힝 스퀘어보다 몇 층이 더 많은가요?
　　(d) 엠파이어 스테이트 빌딩은 투 인터내셔널 파이낸스 센트리보다 몇 층이 더 많은가요?

(3) (a) 페트로나스 트윈 타워는 시어스 타워보다 몇 m나 더 높은가요?
　　(b) 스카이 센트럴 프라자는 센트럴 프라자보다 몇 m나 더 높은가요?
　　(c) 투 인터내셔널 파이낸스 센트리는 스카이 센트럴 프라자보다 몇 m나 더 높은가요?
　　(d) 숭 힝 스퀘어는 뱅크 오브 차이나 타워보다 몇 m나 더 높은가요?

투 인터내셔널 파이낸스 센트리

타이베이 101 타워

DATA BOX 세계의 초고층 건물 명단과 정보

이름	위치(나라, 도시)	완공 연도(년)	층수(층)	높이(m)
뱅크 오브 차이나 타워	중국, 홍콩	1989	70	369
센트럴 프라자	중국, 홍콩	1992	78	374
엠파이어 스테이트 빌딩	미국, 뉴욕	1931	102	381
진 마오 빌딩	중국, 상하이	1999	88	421
페트로나스 트윈 타워	말레이시아, 쿠알라룸프르	1998	88	452
시어스 타워	미국, 시카고	1974	110	442
숭 힝 스퀘어	중국, 선전	1996	69	384
스카이 센트럴 프라자	중국, 광저우	1997	80	391
타이베이 101 타워	타이완, 타이베이	2004	101	509
투 인터내셔널 파이낸스 센트리	중국, 홍콩	2003	88	415

미국의 애틀랜타 등의 많은 도시들에서는 고층 건물 사이로 해가 뜨고 집니다.

첨탑과 높이 경쟁

세계에서 가장 높은 건물로는 타이베이 101 타워와 페트로나스 트윈 타워를 꼽습니다. 두 건물 위에는 뾰족한 탑이 세워져 있어서 더 높답니다. 사실 첨탑(안테나)의 높이를 빼고 보면, 시어스 타워가 두 건물보다 더 높습니다.

엠파이어 스테이트 빌딩은 매우 빠르게 건설되었습니다. 다 짓는 데 18개월 밖에 걸리지 않았어요. 이 건물의 첨탑은 비행기를 이용해서 세웠다고 합니다. 크라이슬러 빌딩에도 아주 높게 만든 첨탑이 숨겨져 있었어요. 다른 고층 건물과 경쟁하기 위해서였지요. 완공 마지막 순간에 건물 안에 숨겨져 있던 첨탑이 위로 솟아 올라 당시 가장 높은 건물이 되었답니다.

도전 문제

DATA BOX 를 보고, 다음 물음에 답해 보세요.

(1) 엠파이어 스테이트 빌딩이 지어지고 나서, 다음 건물들을 지을 때까지 몇 년이 흘렀나요?
 (a) 타이베이 101 타워
 (b) 페트로나스 트윈 타워
 (c) 시어스 타워
 (d) 진 마오 빌딩
 (e) 투 인터내셔널 파이낸스 센트리
 (f) 스카이 센트럴 프라자
 (g) 숭 힝 스퀘어
 (h) 센트럴 프라자
 (i) 뱅크 오브 차이나 타워

(2) 문제 (1)에서 적은 답이 몇 개월인지 다시 적어 보세요. 36쪽에 도움말이 있습니다.

STAGE 2 초고층 건물의 역사

고층 건물을 짓기 전에 고층 건물의 역사를 알아볼까요? '마천루'*라는 단어는 18세기에 배의 가장 높은 곳에 다는 깃발을 가리키는 말로 처음 사용되었고, 1880년대에 들어와서야 처음으로 높은 건물들을 나타내는 말로 쓰이기 시작했어요. 처음에 이런 큰 건물들은 특수한 목적으로만 사용되다가 1885년에 와서 시카고에서 처음으로 건물에 철로 된 뼈대와 엘리베이터가 사용되어 사람이 살 고층 건물을 짓게 되었는데 이 건물을 고층 건물의 시작으로 봅니다. 지금부터 시대별로 그 당시에 가장 높은 건물이 무엇이었는지 살펴볼 거예요.

*마천루 : 하늘을 찌를 듯이 솟은 아주 높은 고층 건물

작업 일지

DATA BOX 는 최근 100년간 가장 높은 건물을 보여 주는 그래프입니다. 그래프를 보고, 다음 물음에 답해 보세요.

(1) 다음 건물의 높이는 약 몇 m인가요?
  (a) 크라이슬러 빌딩
  (b) 시어스 타워

(2) 다음 높이의 건물은 어느 것인가요?
  (a) 420m 높이
  (b) 390m 높이
  (c) 510m 높이

(3) 다음 연도 당시 가장 높은 건물은 어느 것인가요?
  (a) 1980년
  (b) 2000년
  (c) 1960년
  (d) 1970년
  (e) 2005년

크라이슬러 빌딩의 야경

역사 속의 고층 건물

고층 건물은 이미 수천 년 전부터 건설되어 왔습니다. 기원전 2600년에서 기원전 2570년 사이에는 이집트의 레드 피라미드가 건설되었는데, 105m의 높이로 당시 세계에서 가장 높은 건물이었습니다. 하지만 그 이후에 이집트의 기자에 세워진 그레이트 피라미드는 레드 피라미드보다 41m 더 높게 지어졌습니다. 그래서 그레이트 피라미드가 기원전 2570년부터 기원후 1300년까지 약 4000년 동안이나 가장 높은 건물로 기록되었습니다. 그런데 기원전 2570년에서 기원후 1439년 동안 그레이트 피라미드의 꼭대기는 약 7m 정도가 깎여 나갔습니다. 그 후 1300년에 영국의 링컨 대성당이 완성되었습니다. 나무로 된 뾰족탑 끝까지의 높이는 160m로 당시 가장 높은 건물이 되었습니다. 이 기록은 1549년에 첨탑이 부러질 때까지 2세기가 넘게 이어졌습니다.

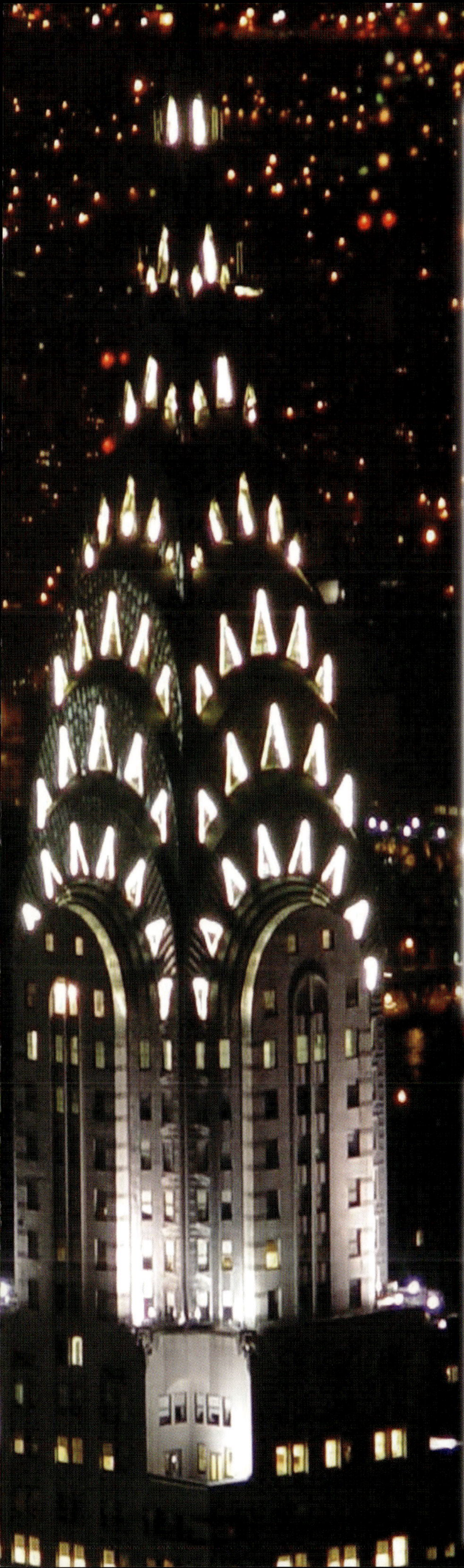

DATA BOX 현대의 최고 건물 기록

1930년부터 현재까지 세계에서 가장 높은 건물의 기록입니다.
(월드 트레이드 센터 타워는 2001년 9월 11일에 일어난 테러로 붕괴되었음.)

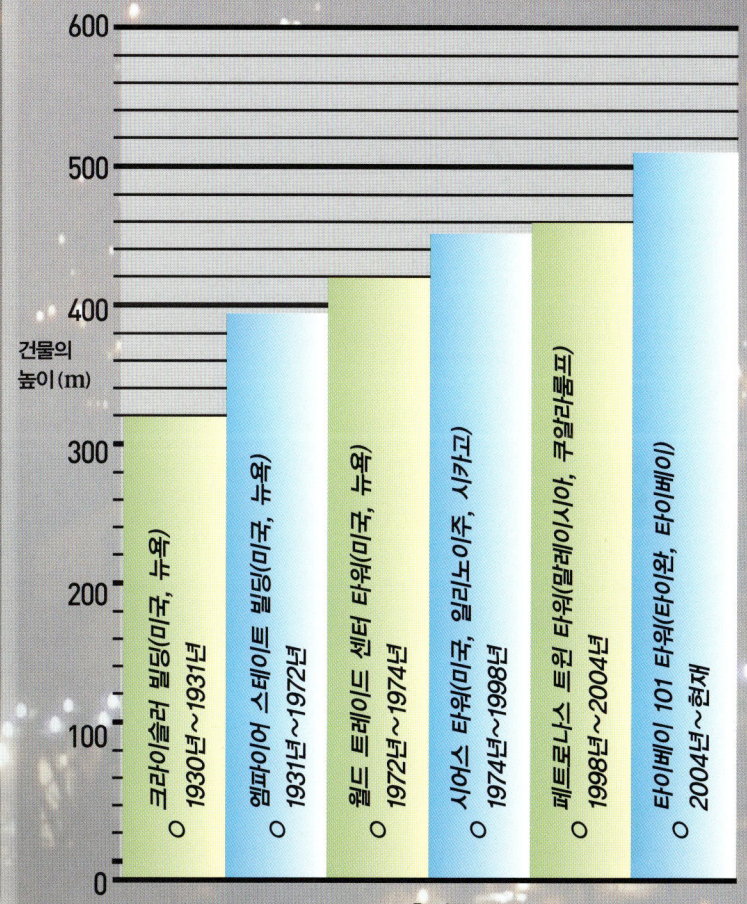

고층 건물

- 크라이슬러 빌딩(미국, 뉴욕) 1930년~1931년
- 엠파이어 스테이트 빌딩(미국, 뉴욕) 1931년~1972년
- 월드 트레이드 센터 타워(미국, 뉴욕) 1972년~1974년
- 시어스 타워(미국, 일리노이주, 시카고) 1974년~1998년
- 페트로나스 트윈 타워(말레이시아, 쿠알라룸푸르) 1998년~2004년
- 타이베이 101 타워(타이완, 타이페이) 2004년~현재

도전 문제

(1) 1930년에는 크라이슬러 빌딩이 세계에서 가장 높은 건물이었습니다. 1930년 이후로 다음 건물이 세워지기까지 몇 년이 흘렀나요?
  (a) 페트로나스 트윈 타워
  (b) 엠파이어 스테이트 빌딩
  (c) 타이베이 101 타워
  (d) 월드 트레이드 센터 타워
  (e) 시어스 타워

(2) 얼마나 더 높은가요?
  (a) 엠파이어 스테이트 빌딩은 크라이슬러 빌딩보다 얼마나 더 높은가요?
  (b) 시어스 타워는 엠파이어 스테이트 빌딩보다 얼마나 더 높은가요?
  (c) 페트로나스 트윈 타워는 시어스 타워보다 얼마나 더 높은가요?
  (d) 타이베이 101 타워는 페트로나스 트윈 타워보다 얼마나 더 높은가요?

36쪽에 도움말이 있습니다.

STAGE 3 건물 부지 정하기

고층 건물을 설계하려면, 건물이 들어설 곳을 정하고, 그 곳의 넓이와 모양을 알고 있어야 합니다. 땅의 넓이를 보고 건물을 지을 곳의 넓이를 정하기 때문이죠. 세계에는 땅의 넓이에 따라 건물을 지을 수 있는 넓이가 정해져 있는 도시가 많습니다. 이것을 용적률*이라고 합니다. 하지만 런던과 같이 용적률을 적용하지 않는 도시도 있어요. 런던에서는 고층 건물이 세워질 곳의 도시 계획에 따라 건물의 넓이가 정해집니다. 이제 건물을 지을 부지*를 고르고, 건물 설계를 시작해 봅시다.

*용적률 : 땅 전체 넓이에 대한 건물이 차지하는 넓이의 비율
*부지 : 건물을 짓거나 도로를 만들기 위해 마련한 땅

작업 일지

여기에 건물을 지을 수 있는 부지들이 몇 개 있습니다.
어떤 부지가 가장 적당하다고 생각되나요?
아래 물음에 답하면서 넓이에 대해 알아봅시다.

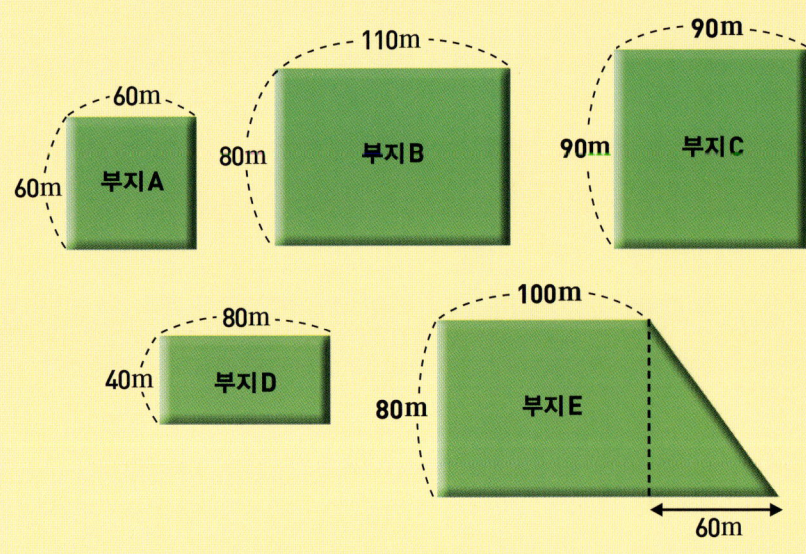

고층건물을 짓기 전에 땅을 고르는 장비들

(1) 각 부지의 넓이는 몇 m^2인가요?

(2) 다음 부지의 넓이의 차이는 얼마인지 구해 보세요.
 (a) 부지 B와 부지 C
 (b) 부지 E와 부지 B

(3) 둘레가 같은 부지가 두 곳 있습니다. 어느 곳인가요?

36쪽에 도움말이 있습니다.

DATA BOX   용적률

부지의 넓이에 따라 건물의 넓이가 정해져 있는 도시들이 많습니다. 이때 사용하는 규칙을 용적률이라고 부릅니다.

용적률을 계산하려면, 먼저 전체 부지의 넓이를 구합니다. 그 다음 전체 부지의 넓이에 건물을 지으려고 하는 도시의 용적률을 곱합니다. 뉴욕의 최대 용적률은 18입니다.

부지의 넓이에 최대 용적률을 곱해서 나온 값이 우리가 팔거나 임대*할 수 있는 건물의 넓이입니다. 이때 지하, 기계실, 지붕, 주차장의 면적은 포함되지 않습니다.

예를 들면, 뉴욕의 10000m^2의 땅에 건물을 지으려고 한다면, 180000m^2까지 임대할 수 있게 되는 것입니다. 만약 100층짜리 건물을 짓는다면, 1층의 평균 넓이는 약 1800m^2가 될 것입니다.

시카고의 최대 용적률은 34나 됩니다. 시카고에 높은 건물이 많은 것도 이것 때문입니다.

*임대 : 돈을 받고 자기의 물건을 남에게 빌려줌

기초 공사

지반이 약한 땅에 고층 건물을 지을 때에는 '움직이는 뗏목'이라고 불리는 기초 공사를 합니다. 커다란 구멍을 파고, 그 구멍에서 뺀 흙과 똑같은 무게의 건물을 짓는 것입니다. 결국 흙이 있던 곳에 흙 대신 같은 무게의 건물이 놓이는 것입니다.

고층 건물은 매우 무겁습니다. 예를 들어 타이베이 101 타워의 무게는 무려 700000톤(t)인데, 이것은 7억 kg입니다.

도전 문제

DATA BOX 와 [작업 일지]의 답을 이용하여 다음 물음에 답해 보세요.

용적률이 17.5라면, 임대할 수 있는 건물의 최대 넓이는 몇 m^2인가요?

(a) 부지 A에 짓는다면?
(b) 부지 B에 짓는다면?
(c) 부지 C에 짓는다면?
(d) 부지 D에 짓는다면?
(e) 부지 E에 짓는다면?

STAGE 4 초고층 건물의 강도

건물을 지을 부지와 건물의 넓이를 정했다면, 이번에는 건물을 지을 때 어떤 재료를 사용할 것인지 생각할 차례입니다. 어떤 재료를 사용할까요? 매우 튼튼한 것이 필요하겠지요? 그래서 콘크리트* 안에 철근을 넣은 '철근 콘크리트'를 사용한답니다. 이것은 매우 튼튼하며, 콘크리트는 철근이 불의 열기 때문에 구부러지는 것도 막아줍니다. 건물을 지을 때, 보통은 거대한 건설 장비를 이용하여 철근 콘크리트로 건물의 뼈대를 세워 나갑니다. 나무와 벽돌같은 강도가 약한 재료는 15층 이하의 건물을 지을 때만 사용한답니다.

*콘크리트 : 시멘트에 모래와 자갈, 골재 따위를 적당히 섞고 물에 반죽한 혼합물

작업 일지

아래에 몇 가지 건물 계획이 있습니다.

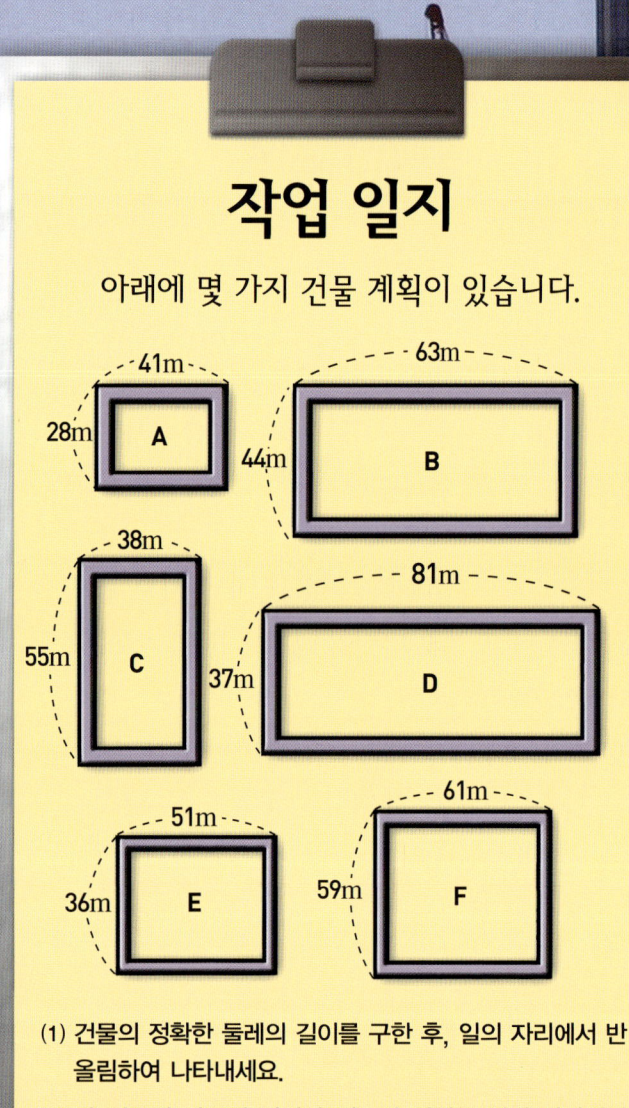

(1) 건물의 정확한 둘레의 길이를 구한 후, 일의 자리에서 반올림하여 나타내세요.

(2) 각 건물의 가로의 길이와 세로의 길이를 일의 자리에서 반올림한 후, 이 어림값을 이용하여 건물의 넓이를 구해 보세요.

36쪽에 도움말이 있습니다.

도전 문제

직사각형 모양의 건물 둘레의 길이가 200m입니다. 건물의 넓이가 다음과 같으려면, 가로와 세로의 길이는 얼마일까요?

(a) 2500m²   (b) 2400m²
(c) 1600m²   (d) 900m²
(e) 2475m²   (f) 475m²
(g) 2499m²

36쪽에 도움말이 있습니다.

콘크리트의 특성

콘크리트로 건물을 지을 때, 새로 부은 콘크리트가 완전히 굳을 때까지 약 1개월 정도가 걸립니다. 콘크리트는 미는 힘에는 매우 잘 견디지만 당기는 힘에는 약합니다.

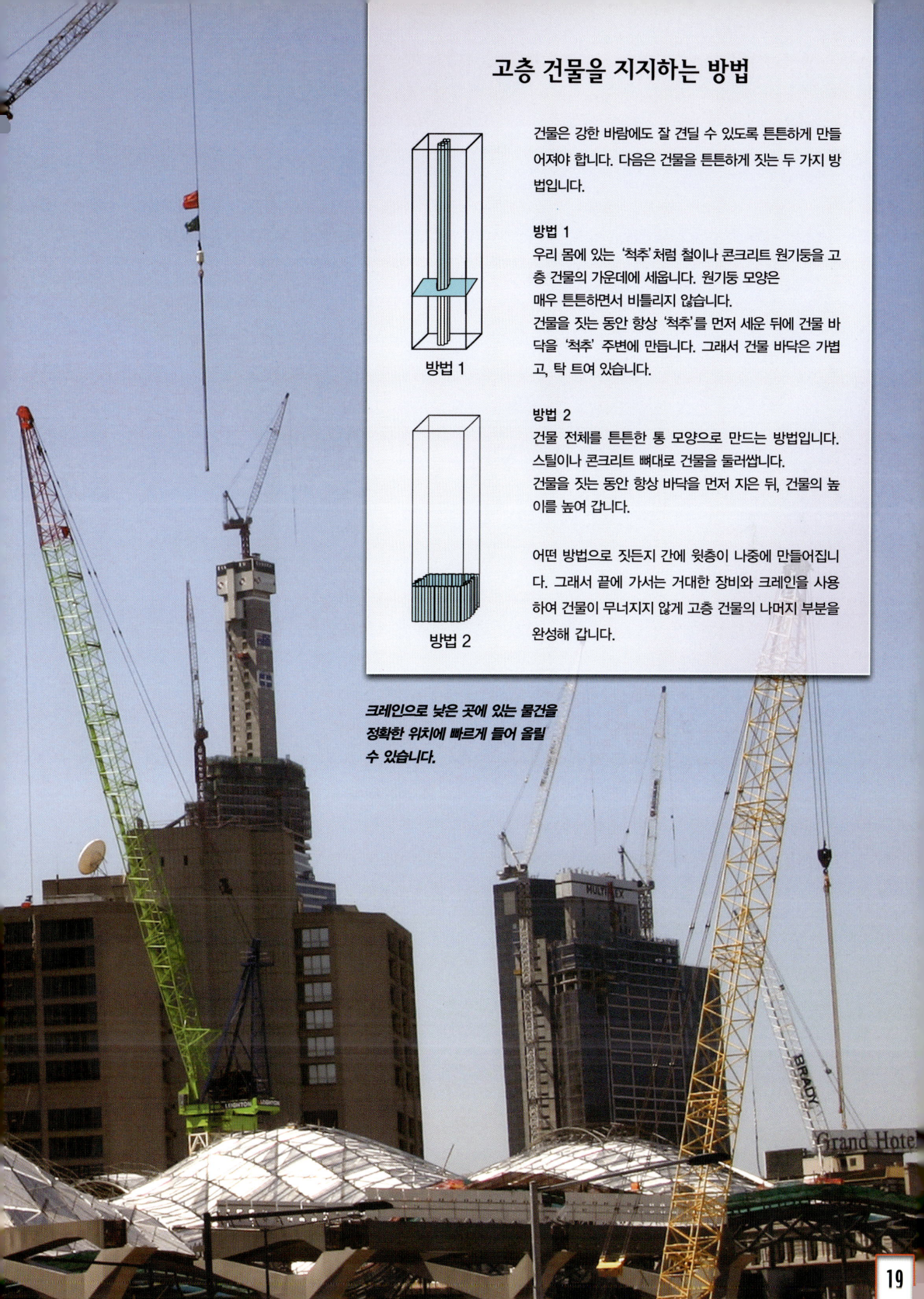

고층 건물을 지지하는 방법

건물은 강한 바람에도 잘 견딜 수 있도록 튼튼하게 만들어져야 합니다. 다음은 건물을 튼튼하게 짓는 두 가지 방법입니다.

방법 1
우리 몸에 있는 '척추'처럼 철이나 콘크리트 원기둥을 고층 건물의 가운데에 세웁니다. 원기둥 모양은 매우 튼튼하면서 비틀리지 않습니다.
건물을 짓는 동안 항상 '척추'를 먼저 세운 뒤에 건물 바닥을 '척추' 주변에 만듭니다. 그래서 건물 바닥은 가볍고, 탁 트여 있습니다.

방법 1

방법 2
건물 전체를 튼튼한 통 모양으로 만드는 방법입니다. 스틸이나 콘크리트 뼈대로 건물을 둘러쌉니다.
건물을 짓는 동안 항상 바닥을 먼저 지은 뒤, 건물의 높이를 높여 갑니다.

방법 2

어떤 방법으로 짓든지 간에 윗층이 나중에 만들어집니다. 그래서 끝에 가서는 거대한 장비와 크레인을 사용하여 건물이 무너지지 않게 고층 건물의 나머지 부분을 완성해 갑니다.

크레인으로 낮은 곳에 있는 물건을 정확한 위치에 빠르게 들어 올릴 수 있습니다.

STAGE 5 초고층 건물의 디자인

고층 건물은 크기와 모양이 다양합니다. 건축 기술이 발달된 이후로 건물의 모양과 크기를 제한하는 것은 오직 하나! 건축가와 기술자의 상상력의 한계뿐입니다. 어떤 모양의 건물을 짓고 싶은가요? 건물의 모양을 정할 때는 어떤 점을 고려해야 할까요? 건물을 짓는 데 드는 비용과 건물을 짓는 목적도 생각해야 합니다. 건물 내부는 커다란 사무실로 만들까요, 아니면 사람들이 살 집으로 만들까요? 이런 것들이 건물 디자인에 어떤 영향을 줄까요? 우리가 지을 건물은 사무실과 집이 함께 있고, 어쩌면 호텔이나 상점으로 이용될지도 모릅니다.

작업 일지

아래 여러 가지 모양과 크기의 건물 그림이 있습니다.

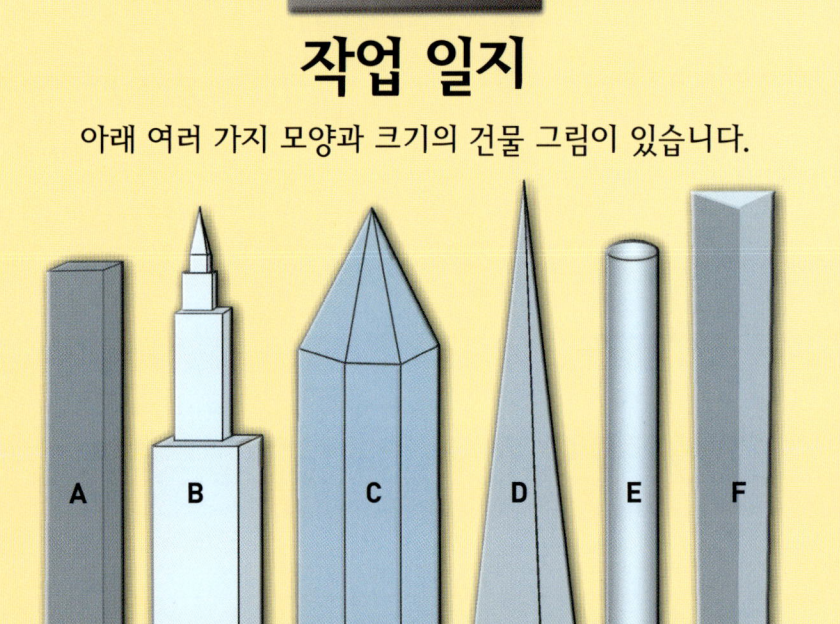

A (사각형)   B (사각형)   C (육각형)   D (사각형)   E (원)   F (삼각형)

(1) 각 건물을 이루고 있는 입체도형의 이름을 붙여 주세요. (괄호 안은 각 건물의 밑면의 모양입니다.)

(2) 기둥 모양의 건물은 어느 것인가요?

(3) (a) 건물 E의 지붕의 넓이는 2000m^2이고, 높이는 350m입니다. 이 건물의 부피는 얼마인가요?

　　(b) 건물 F의 지붕의 넓이는 2000m^2이고, 높이는 400m입니다. 이 건물의 부피는 얼마인가요?

37쪽에 도움말이 있습니다.

대부분의 고층 건물은 직육면체 모양입니다.

건물 디자인 기간

여러 명의 건축가와 기술자들이 고층 건물을 디자인합니다. 버즈 두바이는 건물 디자인 하는 데만 무려 70명의 디자이너들이 2년 동안 작업한 것입니다.

도전 문제

다음 직육면체 모양의 건물 중에서 부피가 가장 큰 건물은 어느 것인가요?

건물 A : 가로 55m, 세로 60m, 높이 390m
건물 B : 가로 50m, 세로 61m, 높이 360m
건물 C : 가로 52m, 세로 55m, 높이 420m

37쪽에 도움말이 있습니다.

창과 햇빛 그리고 전망

고층 건물은 사무실이나 사람들이 사는 공간으로 사용됩니다. 주거(사람들이 살기 위한) 목적으로 지은 건물인 경우에는 각 공간들이 창문에서 너무 멀리 있도록 디자인해서는 절대 안 됩니다. 왜냐하면 사람들은 자신의 집에 자연스러운 빛이 비치기를 원하며, 창밖을 바라보는 것을 좋아하기 때문입니다. 사무실로 쓰기 위한 목적으로 건물을 짓는다면, 각 공간과 창문 사이의 거리는 덜 중요합니다. 주로 천정에 있는 인공 조명을 사용하여 빛을 비추기 때문입니다.

STAGE 6 기초 다지기

높은 건물을 지을 때에는 먼저 땅을 단단하게 만들어야 합니다. 너무 부드러운 흙 위에 바로 지으면, 건물이 서서히 기울거나 심한 경우에는 무너져 내리기도 하거든요. 그래서 단단한 지반이 나올 때까지 흙을 파내려 갑니다. 단단한 땅이 나오면, 건축가들은 많은 양의 철근 콘크리트를 부어 튼튼하면서 건물의 무게를 고르게 나눌 수 있는 기초를 다집니다. 부드러운 흙에서는 케이슨이라고 부르는 두꺼운 기초 공사를 하여 건물을 떠받치게 해요. 케이슨은 말뚝같이 생겼는데, 땅 속 깊이 있는 단단한 바위에 강하게 고정시킵니다.

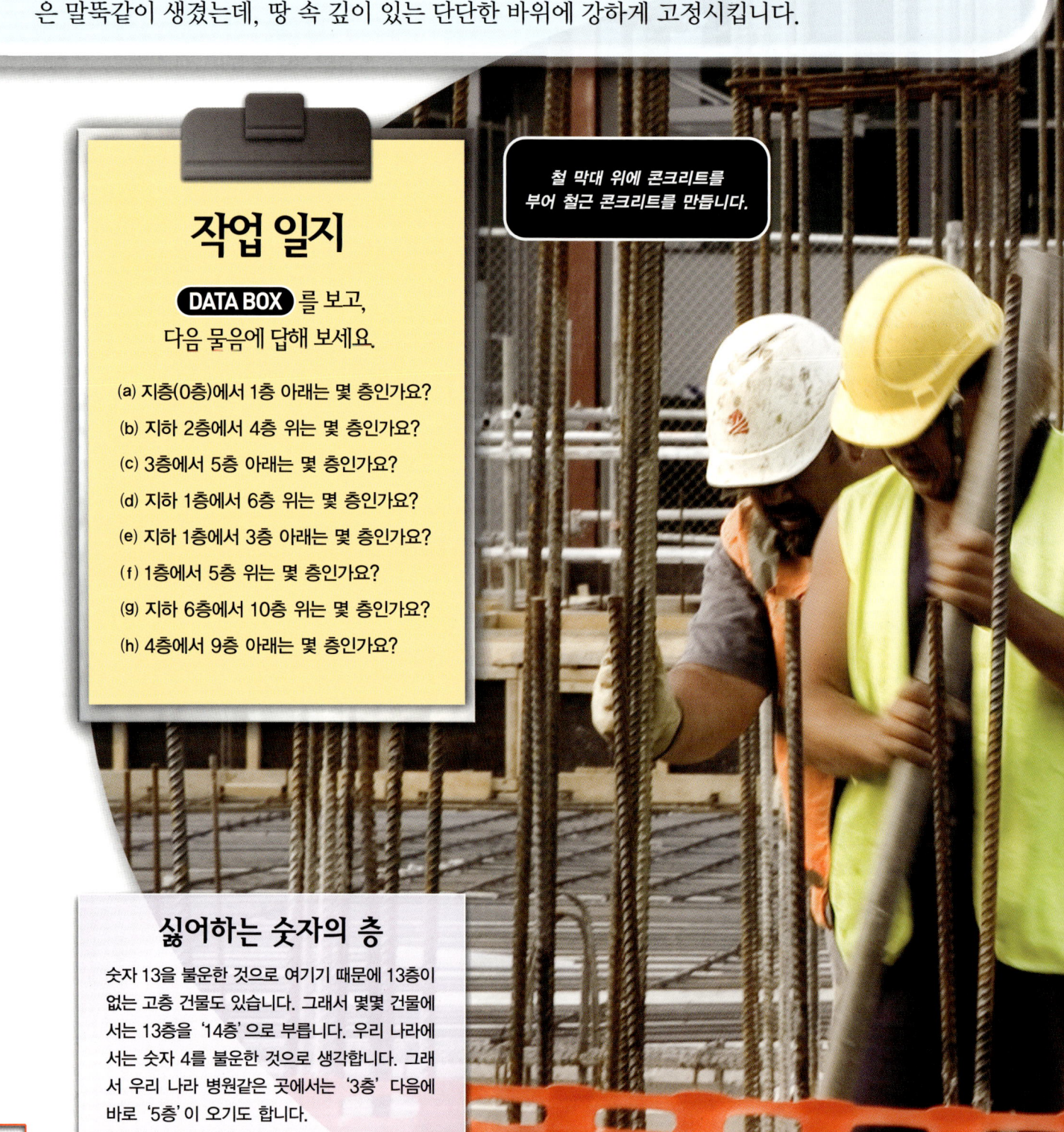

철 막대 위에 콘크리트를 부어 철근 콘크리트를 만듭니다.

작업 일지

DATA BOX 를 보고, 다음 물음에 답해 보세요.

(a) 지층(0층)에서 1층 아래는 몇 층인가요?
(b) 지하 2층에서 4층 위는 몇 층인가요?
(c) 3층에서 5층 아래는 몇 층인가요?
(d) 지하 1층에서 6층 위는 몇 층인가요?
(e) 지하 1층에서 3층 아래는 몇 층인가요?
(f) 1층에서 5층 위는 몇 층인가요?
(g) 지하 6층에서 10층 위는 몇 층인가요?
(h) 4층에서 9층 아래는 몇 층인가요?

싫어하는 숫자의 층

숫자 13을 불운한 것으로 여기기 때문에 13층이 없는 고층 건물도 있습니다. 그래서 몇몇 건물에서는 13층을 '14층'으로 부릅니다. 우리 나라에서는 숫자 4를 불운한 것으로 생각합니다. 그래서 우리 나라 병원같은 곳에서는 '3층' 다음에 바로 '5층'이 오기도 합니다.

말뚝 기초와 뗏목 기초

'말뚝 기초'는 말뚝을 땅 속 단단한 바위까지 꽂아서 건물의 무게를 받쳐주는 것입니다.

단단한 부분이 없거나, 말뚝을 박기에는 너무 깊숙이 있는 경우에는 '뗏목 기초'를 사용합니다. 뗏목 부분이 무게를 골고루 분산*시키면, 아래에 있는 흙이 건물의 무게를 받쳐줄 수 있게 됩니다.

건물을 높게 지을 때에는 위의 두 가지 방법을 모두 사용합니다. 그래서 건물의 무게가 뗏목 기초와 말뚝 기초에 나누어지게 됩니다.

*분산 : 갈려 흩어짐 또는 그렇게 되게 함

말뚝 기초를 사용한 건물

뗏목 기초를 사용한 건물

말뚝과 뗏목 기초를 사용한 건물

DATA BOX 건물의 층수

지상 88층, 지하 6층짜리 건물의 아래 일부층을 그린 그림입니다.
(영국은 우리의 1층을 지층(0층)이라고 하고, 1층, 2층, 3층으로 올라가는 형식입니다.)

층
16층
15층
14층
13층
12층
11층
10층
9층
8층
7층
6층
5층
4층
3층
2층
1층
지층(0층) — 지면
지하 1층 — 단계
지하 2층
지하 3층
지하 4층
지하 5층
지하 6층

도전 문제

엘리베이터를 타고 DATA BOX 에 있는 건물을 오르내려 봅시다.

엘리베이터를 아래와 같은 순서로 움직였을 때, 마지막에는 몇 층에 있게 되나요?

- 지층(0층)에서 출발합니다.
- 15층 올라갑니다.
- 20층 내려갑니다.
- 3층 올라갑니다.
- 20층 올라갑니다.
- 2층 내려갑니다.
- 17층 내려갑니다.
- 2층 내려갑니다.

STAGE 7 튼튼한 구조

고층 건물 전체의 무게는 18~19쪽에서 본 것과 같은 건물의 골격이 받쳐 주지만 각 층에도 이와 같은 지지대가 필요합니다. 이러한 역할을 하는 것이 대들보, 콘크리트 기둥, 벽입니다. 기술자들은 대들보, 콘크리트 기둥, 벽을 어떤 모양으로 연결하면 좋을지 곰곰이 생각합니다. 이때, 삼각형 모양은 다른 도형보다 튼튼한 구조를 가지고 있어서, 구조물을 견고하게 만들어야 하는 기술자들이 많이 이용합니다. 한편 건축가는 건물의 외관을 보기 좋게 만들어 줍니다.

작업 일지

위의 글에서 튼튼한 구조를 만들 때, 삼각형 모양이 중요하다는 것을 알았습니다. 아래에는 여러 가지 모양의 삼각형이 있습니다.

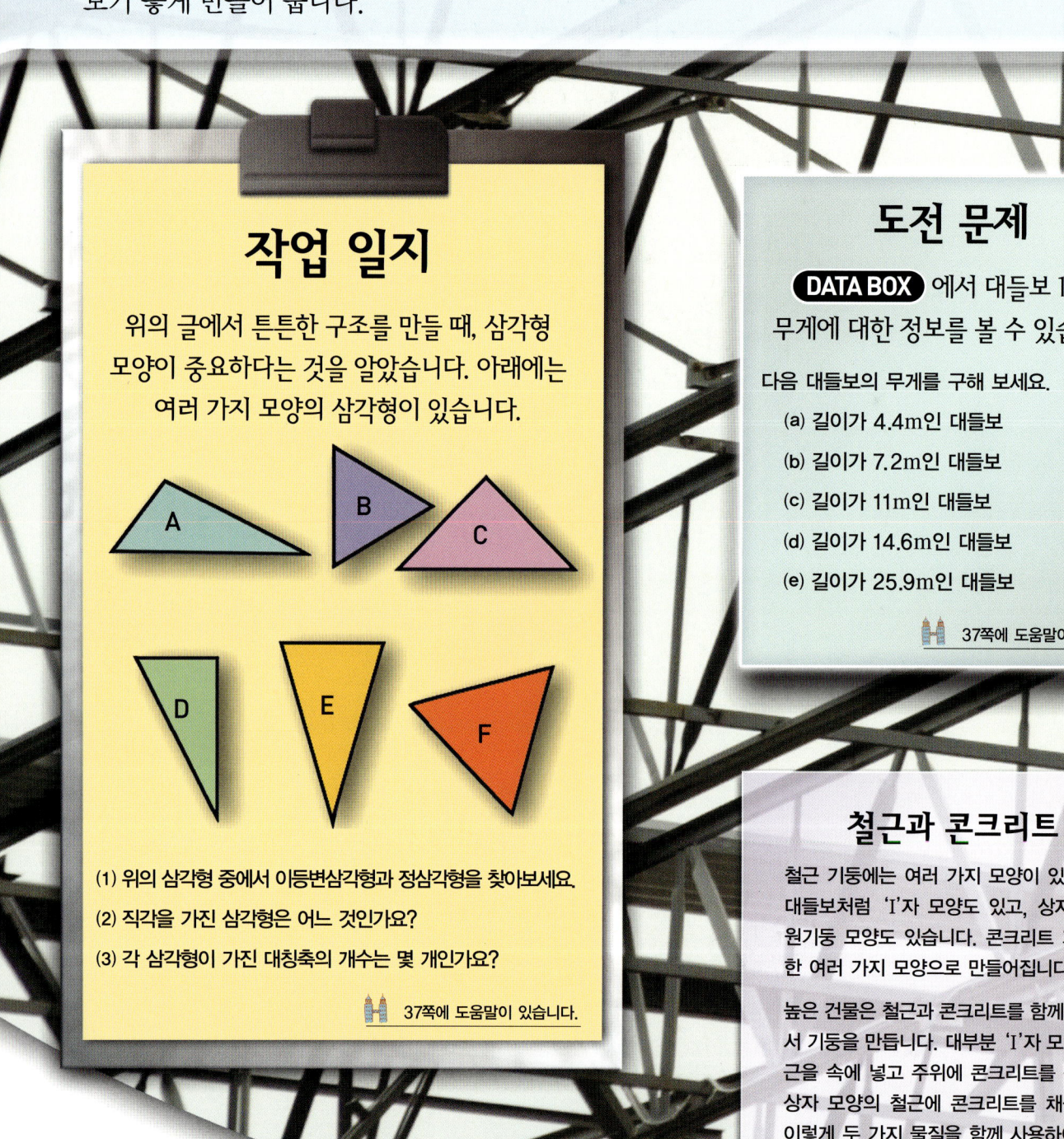

(1) 위의 삼각형 중에서 이등변삼각형과 정삼각형을 찾아보세요.
(2) 직각을 가진 삼각형은 어느 것인가요?
(3) 각 삼각형이 가진 대칭축의 개수는 몇 개인가요?

▶ 37쪽에 도움말이 있습니다.

도전 문제

DATA BOX 에서 대들보 1m의 무게에 대한 정보를 볼 수 있습니다.

다음 대들보의 무게를 구해 보세요.
(a) 길이가 4.4m인 대들보
(b) 길이가 7.2m인 대들보
(c) 길이가 11m인 대들보
(d) 길이가 14.6m인 대들보
(e) 길이가 25.9m인 대들보

▶ 37쪽에 도움말이 있습니다.

철근과 콘크리트

철근 기둥에는 여러 가지 모양이 있습니다. 대들보처럼 'I'자 모양도 있고, 상자 모양, 원기둥 모양도 있습니다. 콘크리트 기둥 또한 여러 가지 모양으로 만들어집니다.

높은 건물은 철근과 콘크리트를 함께 사용해서 기둥을 만듭니다. 대부분 'I'자 모양의 철근을 속에 넣고 주위에 콘크리트를 붓거나, 상자 모양의 철근에 콘크리트를 채웁니다. 이렇게 두 가지 물질을 함께 사용하여 기둥을 더 튼튼하게 만듭니다.

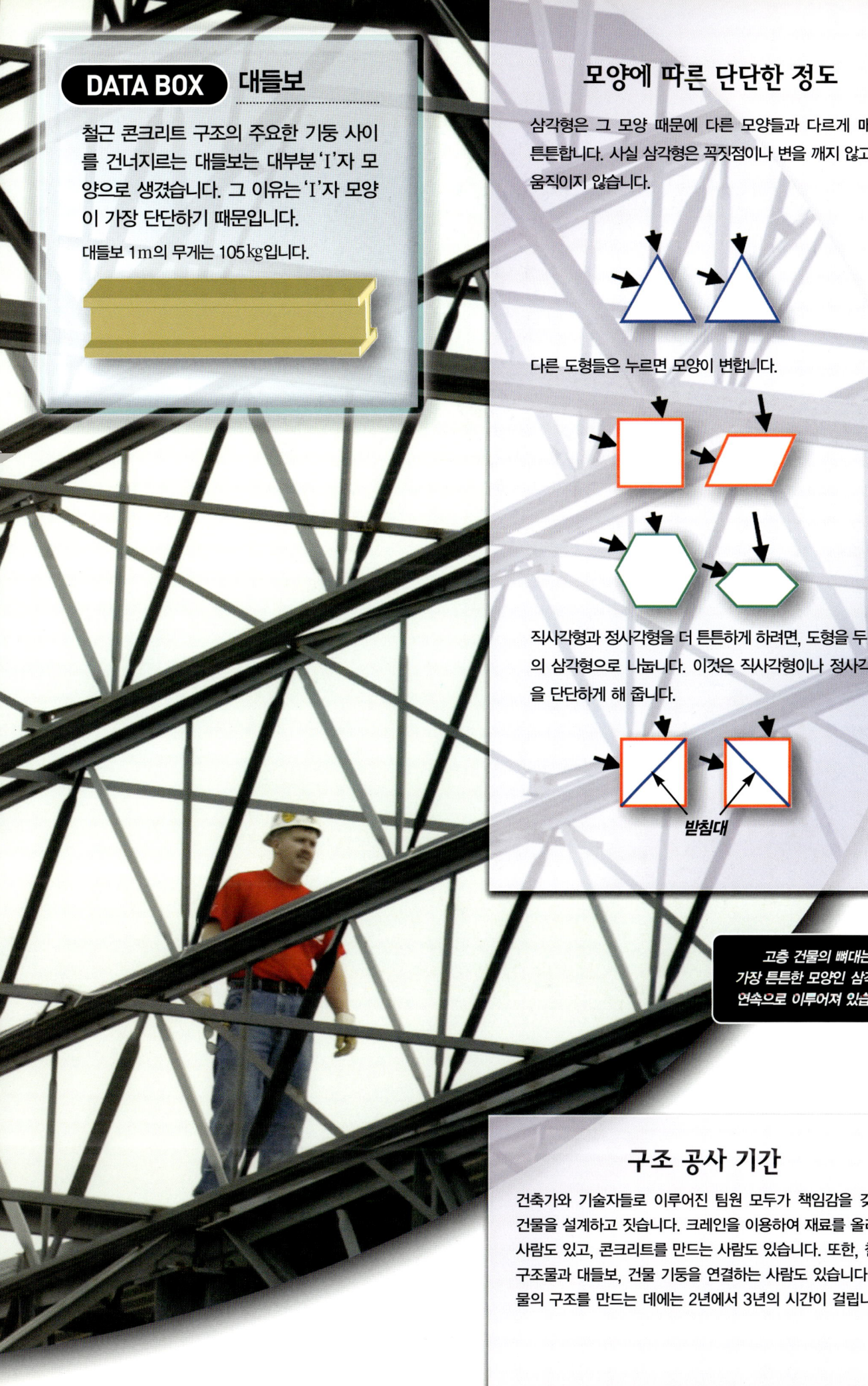

DATA BOX — 대들보

철근 콘크리트 구조의 주요한 기둥 사이를 건너지르는 대들보는 대부분 'I'자 모양으로 생겼습니다. 그 이유는 'I'자 모양이 가장 단단하기 때문입니다.

대들보 1m의 무게는 105kg입니다.

모양에 따른 단단한 정도

삼각형은 그 모양 때문에 다른 모양들과 다르게 매우 튼튼합니다. 사실 삼각형은 꼭짓점이나 변을 깨지 않고는 움직이지 않습니다.

다른 도형들은 누르면 모양이 변합니다.

직사각형과 정사각형을 더 튼튼하게 하려면, 도형을 두 개의 삼각형으로 나눕니다. 이것은 직사각형이나 정사각형을 단단하게 해 줍니다.

받침대

고층 건물의 뼈대는 가장 튼튼한 모양인 삼각형의 연속으로 이루어져 있습니다.

구조 공사 기간

건축가와 기술자들로 이루어진 팀원 모두가 책임감을 갖고, 건물을 설계하고 짓습니다. 크레인을 이용하여 재료를 올리는 사람도 있고, 콘크리트를 만드는 사람도 있습니다. 또한, 철근 구조물과 대들보, 건물 기둥을 연결하는 사람도 있습니다. 건물의 구조를 만드는 데에는 2년에서 3년의 시간이 걸립니다.

STAGE 8 지진이 일어나면?

지진이 자주 일어나는 곳에서는 지진을 견딜 수 있도록 건물을 짓는 것이 매우 중요합니다. 철근과 대들보, 콘크리트 벽, 그리고 삼각형 모양의 보조 지지대 등으로 튼튼한 뼈대를 만듭니다. 이런 튼튼한 뼈대는 강한 바람과 지진으로부터 고층 건물을 안전하게 보호해 줍니다. 하지만 이런 튼튼한 뼈대로 만들어도 바람이나 지진이 건물을 흔들어 건물의 일부가 떨어져 나가게 하거나 무너뜨릴 수 있으므로 현대의 고층 건물은 잘 휘어지게 만든답니다.

작업 일지

27쪽의 자료에 지진의 강도를 나타내는 [리히터 진도]가 있습니다.

진도가 아래의 수로 나타났습니다. 진도가 작은 것부터 큰 것까지 차례대로 나열해 보세요.

| 2.8 | 3.55 | 3.05 | 2.42 |
| 2.57 | 3 | 2.21 | 3.4 |

지진을 잘 견디는 샌프란시스코의 고층 건물

도전 문제

(1) 아래 소수를 수직선 위에 나타내어 보세요.

2.8 3.55 3.05 2.42 2.57 3 2.21 3.4

(2) 각각의 소수를 소수 둘째 자리에서 반올림해 보세요.

(3) 각각의 소수를 소수 첫째 자리에서 반올림해 보세요.

37쪽에 도움말이 있습니다.

고층 건물의 진동

엠파이어 스테이트 빌딩과 같은 초기 고층 건물은 매우 단단하게 만들어져서 아무리 강한 바람이 불어도 꼭대기는 겨우 50cm 정도 흔들렸습니다. 그러나 요즘 짓는 고층 건물은 더 잘 휘는 재료로 만들고 높이는 더 높아져서, 강한 바람이 불면 건물 꼭대기가 1.5m까지 움직이기도 합니다.

리히터 진도

12	완전히 파괴됨. 물건이 하늘로 튀어 오르고, 땅이 크게 흔들리고 무너짐.
11	남아 있는 건물이 거의 없음. 다리와 철도도 파괴됨. 물, 가스, 전기, 전화 모두 불통이 됨.
10	땅이 심하게 갈라져 벌어지고, 많은 건물이 파괴됨. 절벽이 생기기도 함.
9	매우 큰 지진. 1000km까지 큰 피해를 입으며, 사망자가 생김.
8	큰 지진임. 대부분이 파괴됨. 100km 안에서는 사망자가 많이 생김.
7	지진으로 인해 100km까지 심각한 피해를 입음.
6	몇십km 안에 있는 건물이 충격을 받음. 나무가 흔들리고, 물건이 떨어지거나 무너져 내림.
5	무거운 트럭이 건물을 들이받은 것 같은 느낌. 잠을 자던 사람이 잠에서 깸.
4	사람이 느낄 수 있음. 물건이 흔들림.
3	큰 자동차가 지나간 것처럼 떨리는 정도
2	예민한 사람만 지진임을 알아채는 정도
1	지진계에만 기록되고, 느끼기 어려운 지진

지진과 여진

큰 지진은 약 10~45초 동안 지속됩니다. 큰 지진 뒤에는 작은 지진이 뒤따라오는 경우가 많습니다. 이것을 '여진'이라고 부릅니다. 큰 지진에 충격을 받았던 건물이 여진으로 인해 완전히 무너져 내리기도 합니다.

최근에 지은 고층 건물들은 지진에 잘 견디나, 오래된 건물은 지진에 많은 피해를 입습니다.

STAGE 9 엘리베이터와 비상 계단

100층 이상의 고층 건물을 지을 때에는 사람들이 건물을 오르내릴 수 있도록 건물에 엘리베이터를 설치해야 합니다. 또, 안전 장치에 대해서도 생각해 두어야 합니다. 건물에서 빠르고 안전하게 대피하는 가장 좋은 방법은 무엇일까요? 전기가 나갔다거나, 불이 나면 엘리베이터를 이용하는 것은 위험합니다. 그렇다면 어디에 비상 계단을 만들 건가요? 몇 개나 만들어야 할까요? 많은 고층 건물에는 옥상에 헬리콥터 착륙장이 있습니다. 그것은 비상시에 유용하게 사용됩니다.

작업 일지

100층짜리 건물이 있습니다. 건물 한 층을 올라가려면 22개의 계단을 올라가야 합니다. 영국의 층수 표시에 주의하세요.

(1) 지층(0층)에서 다음 층수를 올라가려면, 모두 몇 계단을 올라가야 하나요?
- (a) 3층
- (b) 4층
- (c) 10층
- (d) 16층
- (e) 45층
- (f) 50층
- (g) 70층
- (h) 100층

(2) 계단 한 칸의 높이는 약 16cm입니다. 계단 22칸의 높이는 약 몇 cm인지 일의 자리에서 반올림하여 나타내 보세요.

(3) 문제(2)번에서 구한 답을 이용하여 150층 높이는 약 몇 m인지 어림해 보세요.

도전 문제

DATA BOX 를 보고, 다음 물음에 답해 보세요.

(1) 일반 엘리베이터를 타고 한 번도 멈추지 않고 올라간다면, 지층(0층)에서 다음 층까지 올라가는 데 몇 초 걸리나요?
- (a) 10층
- (b) 25층
- (c) 54층
- (d) 72층
- (e) 110층

(2) 고속 엘리베이터를 타고 한 번도 멈추지 않고 올라간다면, 지층(0층)에서 다음 층에 올라가는 데 몇 초 걸리나요?
- (a) 10층
- (b) 25층
- (c) 54층
- (d) 72층
- (e) 110층

(3) 위에서 각각의 층에 올라가는 데 일반 엘리베이터를 타고 가는 시간과 고속 엘리베이터를 타고 가는 시간의 차이는 얼마인가요?

37쪽에 도움말이 있습니다.

다양한 비상 탈출 방법

사람들은 '비상시에 어떻게 하면 높은 건물에서 안전하게 탈출할 수 있을까'에 대해 끊임없이 연구해 왔습니다. 접이식 사다리나 계단을 두기도 하고, 밧줄을 허리에 묶어서 건물 밖을 타고 아래로 내려오는 방법도 있으며, 비상 탈출 통로를 타고 내려오는 방법도 있습니다. 하지만 대부분의 방법들은 매우 높은 건물에서는 쓸 수 없으며 노인이나 어린 아이들에게는 맞지 않습니다. 각 도시별로 비상 탈출 방법에 대한 규정을 갖고 있어서 새 건물을 지을 때는 꼭 이 규정에 따라야 합니다.

최다 엘리베이터

미국 시카고에 있는 시어스 타워에는 100개를 넘는 엘리베이터가 오르락 내리락 합니다. 그 중 16개는 2층으로 되어 있습니다.

DATA BOX 엘리베이터의 속도

고층 건물의 층의 높이(아래층과 위층 사이의 간격)는 3m입니다.

일반 엘리베이터는 1초에 6m를 움직입니다.
고속 엘리베이터는 1초에 10m를 움직입니다.

비상 계단은 잘 보이는 곳에 둡니다. 대부분의 사람들은 절대 이용하지 않지만요.

엘샤 오티스의 비상 브레이크

매일 수백 개의 계단을 오르는 것을 원하는 사람은 없습니다. 1853년까지 상업적인 고층 건물이 없었을 때, 미국에서는 엘샤 오티스가 엘리베이터에 사용할 안전 장치를 발명하였습니다. 그 장치는 기계가 떨어지는 것을 막아주는 비상 브레이크입니다. 이 장치로 인해 사람들이 엘리베이터가 안전하다는 것을 믿고 탈 수 있게 되었습니다. 첫 번째 엘리베이터는 증기로 움직였습니다. 오늘날의 엘리베이터는 유압*이나 전기로 움직입니다.

*유압 : 압력을 가한 기름에 의하여 피스톤 따위의 동력 기계를 작동하는 일

STAGE 10 건축 공사

건축가와 기술자들이 내가 설계한 건물 디자인을 선택하였습니다. 이제 건물을 짓는 새로운 작업을 시작해야 합니다. 건물을 지으려면 기술자들의 도움이 필요합니다. 먼저 기초를 다지는 기술자가, 그 다음에는 건축 기술자가 필요합니다. 또, 건물이 다 지어지고 나면, 전기 담당자와 배관공, 벽을 칠하는 사람이 있어야 합니다. 고층 건물을 짓는 데는 수년의 시간이 걸리고, 공사 현장에는 여러 위험 요소들이 있습니다. 따라서 그 안에서 일하는 사람의 안전을 위해 작업하는 사람들이 보호 장비인 헬멧과 작업 부츠를 착용했는지도 확인해야 합니다.

작업 일지

고층 건물의 한 층을 짓는 데 보통 7일이 걸립니다.

첫 번째 층을 만드는 것을 2월 12일에 시작했습니다. 오른쪽의 달력을 이용하여 다음 물음에 답해 보세요.

(1) 다음 작업이 끝나는 날이 언제인지 구해 보세요.
   (a) 2층
   (b) 4층
   (c) 7층
   (d) 9층
   (e) 16층
   (f) 20층

(2) 다음 작업은 약 몇 년이 걸리는지 어림해 보세요.
   (a) 52층
   (b) 104층

(3) 아래의 날짜에는 몇 층을 짓고 있을까요?
   (a) 2월 18일
   (b) 2월 27일
   (c) 3월 20일
   (d) 5월 1일

2월

		1	2	3	4	5	6
7	8	9	10	11	12	13
14	15	16	17	18	19	20
21	22	23	24	25	26	27
28	29					

3월

		1	2	3	4	5
6	7	8	9	10	11	12
13	14	15	16	17	18	19
20	21	22	23	24	25	26
27	28	29	30	31		

4월

					1	2
3	4	5	6	7	8	9
10	11	12	13	14	15	16
17	18	19	20	21	22	23
24	25	26	27	28	29	30

5월

1	2	3	4	5	6	7
8	9	10	11	12	13	14
15	16	17	18	19	20	21
22	23	24	25	26	27	28
29	30	31				

6월

			1	2	3	4
5	6	7	8	9	10	11
12	13	14	15	16	17	18
19	20	21	22	23	24	25
26	27	28	29	30		

공사장 감독관은 작업하는 사람, 기계, 전체 물건을 모두 책임집니다.

공사장 안전 수칙

건축은 위험한 일입니다. 그래서 작업하는 사람들을 보호하기 위한 규칙이 있습니다.

- 외벽을 짓기 전에 건물의 바닥에 추락 방지 울타리를 한다.
- 공사 현장에서는 항상 헬멧과 작업 부츠를 착용한다.
- 강한 바람이 부는 날은 위험하므로 작업을 하지 않는다.
- 뼈대와 대들보 위에 오를 때에는 안전 로프*로 몸을 건물에 묶는다.

*로프 : 굵은 밧줄, 강철로 만든 줄, 섬유 따위를 꼬아서 만든 것

누가 어떤 일을 할까?

건축가와 기술자는 함께 건물을 디자인합니다. 이 일은 1~2년 정도가 걸립니다.

건축가
건물의 외관이 예쁘게 보이게 디자인하고, 건물 주위에 땅을 어떻게 꾸밀 것인지 정합니다. 또한 건물 안 공간을 어떻게 꾸밀 것인지도 디자인합니다. 즉, 방은 어떻게 나눌 것인지, 엘리베이터, 복도, 화장실은 어떻게 배치할 것인지 정합니다.

기술자
건물의 구조가 건물과 사람, 가구를 포함한 내부 물건의 무게를 견딜 수 있을 정도로 튼튼한지 확인합니다. 강한 바람과 지진에도 안전한지 확인합니다. 기술자들은 또한 난방시설, 냉방시설, 수도, 전기 시설을 꼼꼼히 살핍니다.

도전 문제

고층 건물을 설계하고 짓는 데 1456일이 걸렸습니다.

다음 물음에 어림하여 답해 보세요.
(1) 이것은 몇 주인가요?
(2) 이것은 약 몇 개월인가요?(1개월은 약 30일로 생각합니다.)
(3) 이것은 약 몇 년인가요?

37쪽에 도움말이 있습니다.

STAGE 11 완성!

마침내 해냈습니다! 우리의 건물이 완성되었습니다. 땅에 서서 건물을 올려다 보니, 세계에서 가장 멋진 건물이라고 생각됩니다. 다른 사람들도 나와 같은 생각인가 봐요. 그리고 고층 건물 안에는 사무실과 사람들이 살 공간을 나누어 두었습니다. 이제 방을 만들고 가구를 들이는 마지막 작업만 남았네요. 그리고 건물을 사용하기 전에 최종 안전 점검만 받으면 되고요. 곧 사람들이 각 층의 사무실에서 일하고, 아파트로 이사해올 것입니다. 내가 만든 이 멋진 고층 건물에서 사람들이 행복하게 살고, 일하기를 바랍니다.

작업 일지

DATA BOX 의 자료를 살펴보고, 다음 물음에 답해 보세요.

(1) 건물 전체에 모두 몇 개의 창문이 있나요?

(2) 안테나가 건물 꼭대기에 놓여 있습니다. 안테나의 길이는 얼마인가요?

(3) 1m는 약 3.3피트입니다. (2)번의 답을 피트 단위로 바꿔 보세요. 버림하여 일의 자리까지 나타내 보세요.

(4) 1톤(t)은 1000kg입니다. 시어스 타워를 짓는 데는 철이 몇 kg이나 사용되었나요?

(5) 타워 바닥 부분의 넓이는 몇 m^2인가요?

시카고의 시어스 타워

낙하 물체의 속력

높은 빌딩 꼭대기에서 던진 동전에 맞으면, 아래에 있는 사람이 죽을 수 있다는 이야기를 들어 봤나요? 그러나 이것은 사실이 아닙니다. 아주 높은 건물에서 던진 동전이나 4층 높이의 건물에서 떨어지는 동전이나 같은 속도로 떨어집니다. 머리에 맞으면 다칠 수 있지만, 치명상이 되지는 않습니다. 그 이유는 어떤 물체가 긴 거리를 떨어지는 동안에 중력*으로 잡아당기는 힘과 똑같은 힘으로 떨어지는 물체의 속도를 줄여 주는 공기의 저항*이 작용하기 때문입니다. 따라서 종단 속도*에 이른 다음에는, 물체가 더 이상 빨라지지는 않습니다.

*중력 : 지구 위의 물체가 지구 중심으로부터 받는 힘
*저항 : 물체의 운동 방향과 반대 방향으로 작용하는 힘
*종단 속도 : 물체가 떨어질 때 공기와의 마찰때문에 더 이상 속도가 증가하지 않을 때의 속도

흔들리는 건물

때때로 강한 바람이 불 때면, 고층 건물의 높은 곳으로 올라갈수록 샹들리에와 유리잔에 담긴 물이 흔들리는 것이 눈으로 보입니다. 건물이 이렇게 움직이는 것은 안전에는 문제가 없지만, 사람들을 불편하고 불안하게 만들기도 합니다.

DATA BOX 시어스 타워

미국 일리노이주의 시카고에 있는 시어스 타워에 대한 정보입니다.

건물 꼭대기까지의 높이	442 m
안테나 꼭대기까지의 높이	527 m
사용된 철의 무게	69000톤(t)
사용된 다른 재료	콘크리트, 알루미늄, 유리
기초 형태	말뚝 기초
완공 연도	1974년
층수	110층
각 층당 창문의 수	146개
엘리베이터의 수	106개
바닥면의 크기	(가로 70 m) × (세로 70 m)

새로 세워진 고층 건물은 곧 도시의 상징이 될 것입니다. 미국 덴버의 이 고층 건물처럼 말이죠.

도전 문제

현대적인 큰 건물은 강한 바람이 불면 좌우로 흔들립니다. 강한 바람이 불 때, 고층 건물이 몇 m나 흔들리는지 어림해 보세요. 건물의 높이를 500으로 나누면 됩니다.

다음은 고층 건물의 높이를 m로 나타낸 것입니다. 건물은 얼마나 흔들릴까요? cm 단위로 답해 보세요.

(a) 500 m (b) 450 m (c) 440 m (d) 420 m
(e) 415 m (f) 390 m (g) 385 m (h) 375 m

 37쪽에 도움말이 있습니다.

마무리 도전 문제

문제 1 어느 건축 설계사가 새로 지을 빌딩의 모습을 그려 보았습니다. 양쪽에 똑같은 크기의 건물을 짓고, 건물과 건물 사이에 통로를 만들 계획입니다. 아래 빌딩의 총 부피가 얼마인지 구해 보세요.

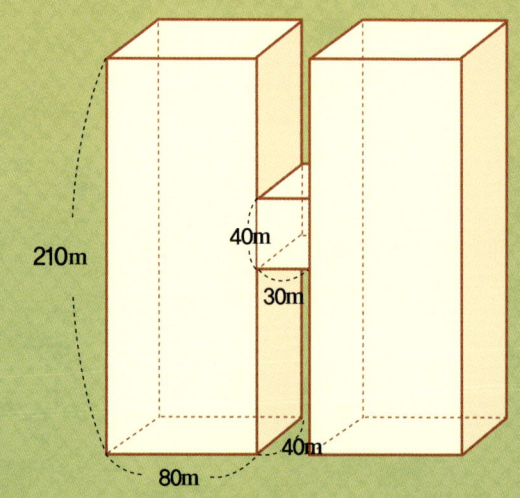

문제 2 희철이는 높은 빌딩 옥상에 올라가 건물 부지들을 내려다 보았더니 세 가지 모양의 직사각형 부지가 있었습니다. 희철이가 본 건물 부지들 중에서 둘레의 길이가 가장 짧은 것은 어느 것일까요?

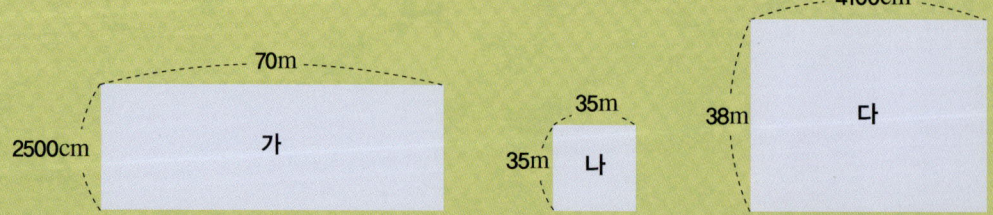

문제 3   대만의 수도 타이베이에 있는 101타워에는 1분에 1008m를 가는 속력으로 움직이는 초고속 엘리베이터가 있습니다. 우리가 보통 이용하는 엘리베이터는 1분에 600m를 가는 속력이라고 하는데 그것과 비교해 보면 대단한 속력입니다.

(1) 타이베이 101타워의 초고속 엘리베이터는 1초에 약 몇 m를 갈 수 있나요?
또 일반 엘리베이터는 1초에 몇 m를 가나요?

(2) 타이베이 101타워의 초고속 엘리베이터는 6초에 몇 m를 갈 수 있나요?
일반 엘리베이터는 6초에 몇 m를 가나요?

(3) 초고속 엘리베이터와 일반 엘리베이터가 같은 높이에서 동시에 출발하였습니다.
7초 후에 두 엘리베이터의 높이 차이는 약 몇 m일까요?

문제 4   서울에 있는 63빌딩은 지하 3층부터 지상 60층, 옥탑 1층에 이르는 초고층 건물입니다. 1980년 2월 19일에 공사를 시작하여 1985년 5월 30일에 완공하였다면, 공사 기간은 총 며칠입니까? (1년은 365일이고, 1980년과 1984년은 윤년으로 366일입니다.)

성공을 위한 팁

STAGE 1 12-13쪽

[도전 문제]

네 자리 수의 뺄셈 : 일의 자리, 십의 자리, 백의 자리, 천의 자리 순으로 계산해 보세요. 이때, 받아내림에 주의합니다.

STAGE 2 14-15쪽

[도전 문제]

두 연도 사이 간격을 구하는 방법 : 두 연도 사이에 몇 년이 흘렀는지 알려면, 큰 수에서 작은 수를 뺍니다. 이때, 각 자리에 맞춰 세로셈으로 해결하면 편리합니다.

```
  2004        1 9 10
            2̸ 0̸ 0 4
- 1931  ➡  - 1 9 3 1
-----        -------
     3            7 3
```

그래서 2004년은 1931년으로부터 73년 후입니다.

STAGE 3 16-17쪽

[작업 일지]

도형의 넓이는 단위 도형의 개수로 구할 수 있습니다. 도형 안에 1 제곱센티미터(cm^2)짜리 정사각형이나 1 제곱미터(m^2)짜리 정사각형이 몇 개 들어가는지 세어 보면 됩니다.

직사각형의 넓이를 구할 때에는 가로와 세로를 곱합니다.
넓이 : $8 \times 4 = 32(cm^2)$
(직사각형의 넓이)=(가로)×(세로)

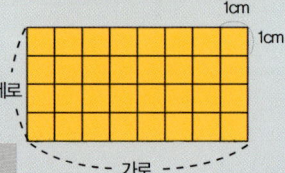

삼각형의 넓이를 구할 때에는 밑변과 높이를 곱한 다음에 2로 나눕니다.

넓이 : $8 \times 4 \div 2 = 32 \div 2 = 16(cm^2)$
(삼각형의 넓이)=(밑변)×(높이)÷2

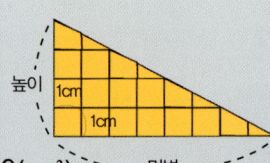

도형의 둘레의 길이는 모서리에 있는 칸의 수를 모두 더하면 됩니다. 직사각형의 둘레의 길이를 구할 때에는 먼저 가로의 길이와 세로의 길이를 더한 다음에 2배를 합니다.
(직사각형의 둘레) : {(가로)+(세로)}×2

둘레의 길이
=8+4+8+4 = 24(cm)

🏛 38쪽 '(자연수)×(소수)', '사다리꼴의 넓이'를 참고하세요.
🏛 39쪽 '둘레와 넓이'를 참고하세요.

STAGE 4 18-19쪽

[작업 일지]

반올림 : 구하려는 자리 아래 한 자리의 숫자가 5, 6, 7, 8, 9로 끝나는 수는 올려서 나타내고, 0, 1, 2, 3, 4로 끝나는 수는 버립니다.

🏛 38쪽 '반올림'을 참고하세요.

[도전 문제]

둘레의 길이가 200 m이므로, 가로의 길이와 세로의 길이의 합은 100 m입니다. 따라서 더해서 100이 되는 수의 쌍을 찾습니다. (예를 들면, 90과 10, 80과 20 등) 그 다음 둘을 곱해서 넓이를 구합니다.

STAGE 5 20–21쪽

- **각기둥** : 위와 아래에 있는 면이 서로 평행이고 합동인 다각형으로 이루어진 입체도형
- **각뿔** : 밑면이 다각형이고, 옆면이 삼각형인 입체도형
- **원기둥** : 위 아래에 있는 면이 서로 평행이고 합동인 원으로 되어 있는 입체도형

※ 각기둥과 각뿔의 이름은 밑면의 모양에 따라 달라집니다.

직육면체의 부피 구하기 : 입체도형 안의 공간의 양을 부피라고 합니다. 도형 안에 1 세제곱센티미터(cm^3)짜리 정육면체나 1 세제곱미터(m^3)짜리 정육면체가 몇 개 들어가는지 세어 보면 됩니다. 따라서 직육면체의 부피는 (가로)×(세로)×(높이)로 구할 수 있습니다.

> 직육면체의 부피 : (가로)×(세로)×(높이)

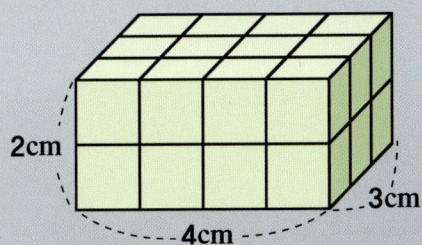

직육면체의 부피 : $4×3×2=24(cm^3)$

📚 39쪽 '직육면체의 부피'와 '원기둥과 각기둥'을 참고하세요.

STAGE 7 24–25쪽

[작업 일지]

이등변삼각형 : 두 변의 길이가 같은 삼각형입니다.
정삼각형 : 세 변의 길이가 같은 삼각형입니다. (정삼각형은 세 각의 크기가 60°로 모두 같습니다.)
※ 정삼각형은 이등변삼각형이라고 말할 수 있지만 이등변삼각형은 정삼각형이라고 말할 수 없습니다.
대칭축 : 도형을 어떤 직선으로 접었을 때 완전히 겹쳐지게 하는 직선입니다.

[도전 문제]

105=100+5이므로 ★×(100+5) = ★×100+★×5로 계산할 수 있습니다.

예 **8×105의 계산**
$8×100 = 800$ ┐
$8×5 = 40$ ┘ 800+40 = 840
따라서 8×105 = 840입니다.

63×100의 계산

어떤 수와 100을 곱할 때, 수의 자릿수를 왼쪽으로 두 칸씩 옮긴 후, 빈 칸에 0을 채웁니다.
63×100=6300

STAGE 8 26–27쪽

[도전 문제]

수직선에서 수를 찾을 때에는 다음 순서대로 합니다.
1. 가까이 있는 두 수를 고른 다음, 두 수의 차이를 구합니다.
2. 두 수 사이에 작은 칸이 몇 칸으로 나누어져 있는지 셉니다.
3. 작은 한 칸이 나타내는 값이 얼마인지 구합니다.

📚 38쪽 '반올림'을 참고하세요.

STAGE 9 28–29쪽

[도전 문제]

엘리베이터가 얼마나 올라갔는지 구하려면, 먼저 몇 층을 올라갔는지 알아본 뒤, 한 층의 높이인 3m를 곱합니다.

그 다음에 올라가는 데 걸린 시간을 구하고 싶을 때에는 거리를 일반 엘리베이터는 6으로 나누고, 고속 엘리베이터는 10으로 나눕니다.

STAGE 10 30–31쪽

[도전 문제]

1456을 다음 수로 나누면 됩니다.
(1) 일주일의 날짜 수
(2) 한 달의 날짜 수
(3) 일 년의 날짜 수

📚 39쪽 '날짜와 요일'을 참고하세요.

STAGE 11 32–33쪽

[도전 문제]

500으로 나눌 때에는 5로 나눈 후에 100으로 나누면 됩니다.

이해를 돕는 개념 설명

(자연수) × (소수)

자연수와 소수의 곱은 자연수의 곱셈과 같은 방법으로 계산한 후, 계산한 값에 소수점을 그대로 내려 찍습니다.

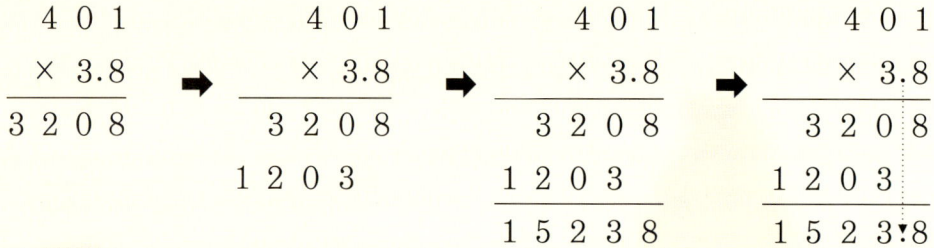

반올림

구하려는 자리의 한 자리 아래의 수가 0, 1, 2, 3, 4이면 버리고, 5, 6, 7, 8, 9이면 올리는 방법입니다. 0.2571을 반올림하여 나타내어 봅시다.

0.2571을 반올림하여 소수 첫째 자리까지 나타내기 – **0.3**(소수 둘째 자리에서 반올림)

0.2571을 반올림하여 소수 둘째 자리까지 나타내기 – **0.26**(소수 셋째 자리에서 반올림)

0.2571을 반올림하여 소수 셋째 자리까지 나타내기 – **0.257**(소수 넷째 자리에서 반올림)

사다리꼴의 넓이

마주 보는 한 쌍의 변이 평행인 도형을 사다리꼴이라고 합니다.
사다리꼴의 넓이를 구하는 식은

{(윗변)+(아랫변)}×(높이)÷2입니다.
따라서 오른쪽과 같은 사다리꼴의 넓이는
(8+15)×7÷2=80.5(cm²)로 구합니다.

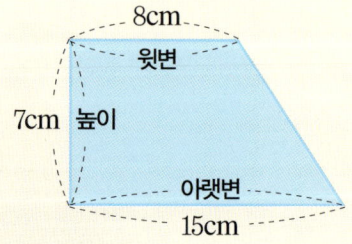

● 사다리꼴의 넓이는 두 개의 삼각형의 넓이의 합으로도 구할 수 있습니다.

  (①의 넓이)+(②의 넓이) = 사다리꼴의 넓이

둘레와 넓이

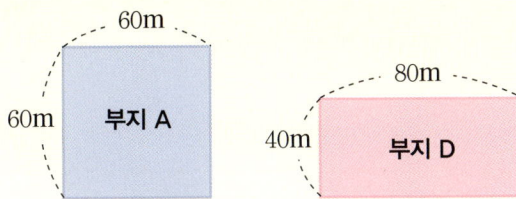

정사각형과 직사각형의 둘레의 길이는 같으나 넓이가 다릅니다. 둘레의 길이가 같은 직사각형과 정사각형 중 넓이가 더 큰 것은 정사각형일 때입니다.

부지 A의 둘레 : (60+60)×2 =240(m)

부지 A의 넓이 : 60×60 = 3600(m²)

부지 D의 둘레 : (80+40)×2 =240(m)

부지 D의 넓이 : 80×40 = 3200(m²)

원기둥과 각기둥

밑면의 넓이에 높이를 곱하여 원기둥과 각기둥의 부피를 구할 수 있습니다.

만약 오른쪽 입체도형의 부피를 알고, 밑면의 넓이를 안다면, 높이를 구할 수 있습니다.

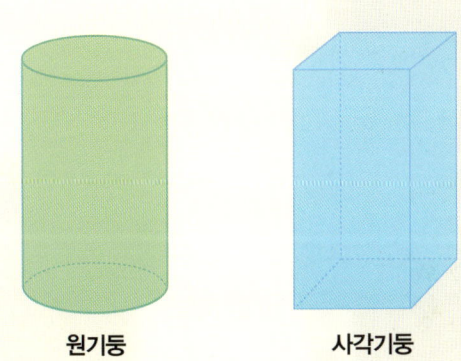

원기둥   사각기둥

(부피) = (한 밑면의 넓이)×(높이) ➡ (높이)=(부피)÷(한 밑면의 넓이)

날짜와 요일

1주일은 7일, 한 달은 28~31일, 1년은 365일입니다. 또한 1주일이 7일이므로 7일마다 같은 요일이 반복됩니다. 오늘이 1월 1일 수요일이라고 생각해 봅시다. 오늘부터 1500일 후의 요일은 214주와 2일 후의 요일과 같으므로 수요일부터 2일 후의 요일은 금요일입니다.

1500÷7=214…2 ➡ 2일 후의 요일과 같습니다.

직육면체의 부피

직육면체의 가로의 길이, 세로의 길이, 높이를 알고 있다면 그 세 수를 곱해 직육면체의 부피를 구할 수 있습니다. 이때, 길이의 단위를 통일해서 곱해야 합니다.
직육면체의 가로의 길이가 800cm, 세로의 길이가 3m, 높이가 250cm일 때, 단위를 모두 cm로 바꾸어 부피를 구하면 800×300×250 = 60000000(cm³)입니다.
cm³는 부피의 단위로 세제곱센티미터라고 읽습니다.

● 1cm³(=1cm×1cm×1cm)는 가로, 세로, 높이가 모두 1cm인 정육면체의 부피입니다.

미션 12 롤러코스터 설계

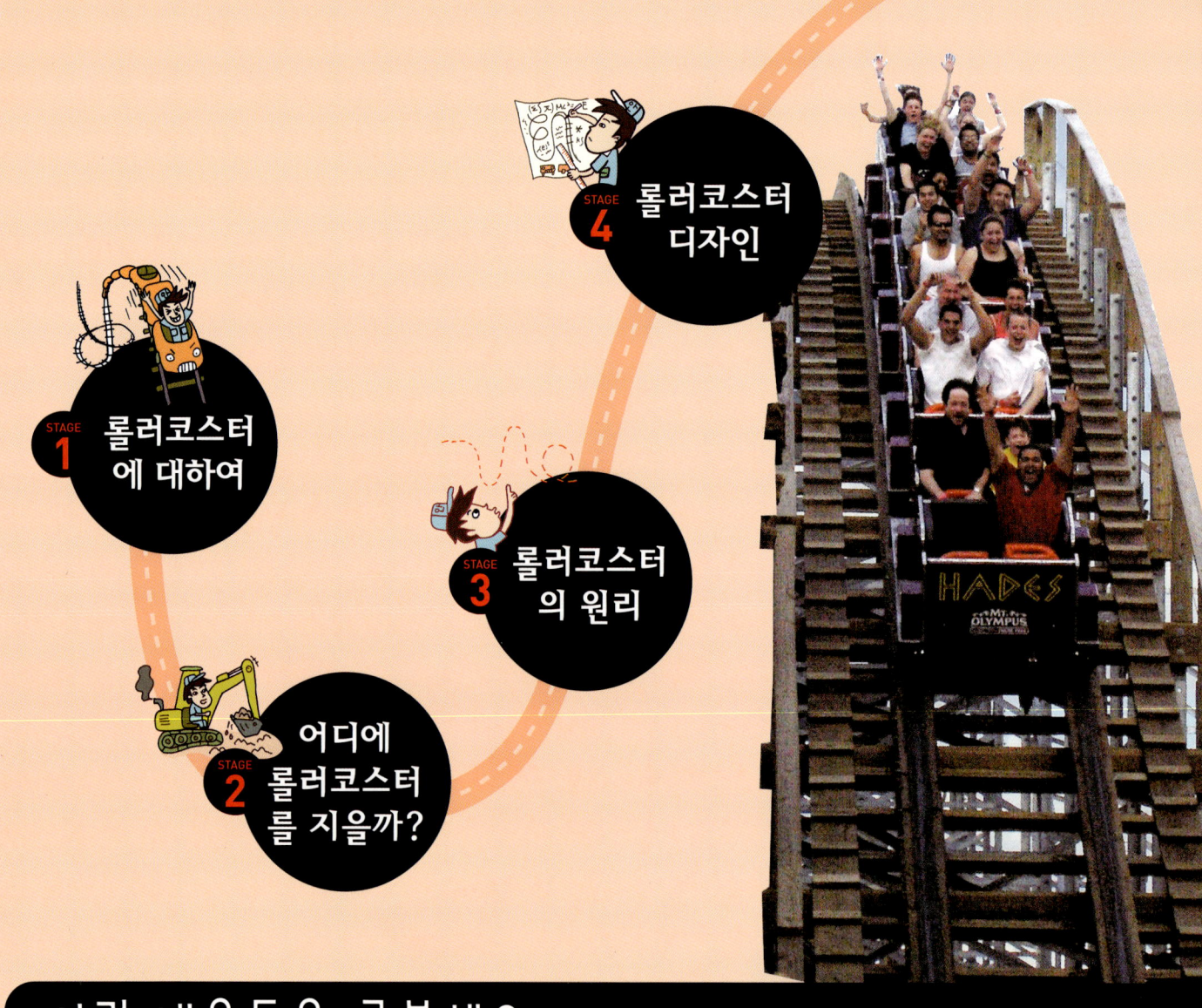

STAGE 1 롤러코스터에 대하여

STAGE 2 어디에 롤러코스터를 지을까?

STAGE 3 롤러코스터의 원리

STAGE 4 롤러코스터 디자인

이런 내용들을 공부해요

계산
암산을 하거나 종이에 적어서 계산하며, 덧셈, 뺄셈, 곱셈, 나눗셈을 연습할 것입니다.

수
- 수 비교하기 : 44, 45 48, 49, 59, 65쪽
- 수의 순서 : 45쪽
- 분수 : 50, 53쪽
- 소수 : 49쪽

- 어림하기 : 60, 61, 65쪽
- 자릿값 : 58, 59쪽
- 수 읽기 : 58쪽

생활 속 문제 해결
- 시간 : 56, 57, 60, 61, 64쪽
- 지도 : 47, 51쪽

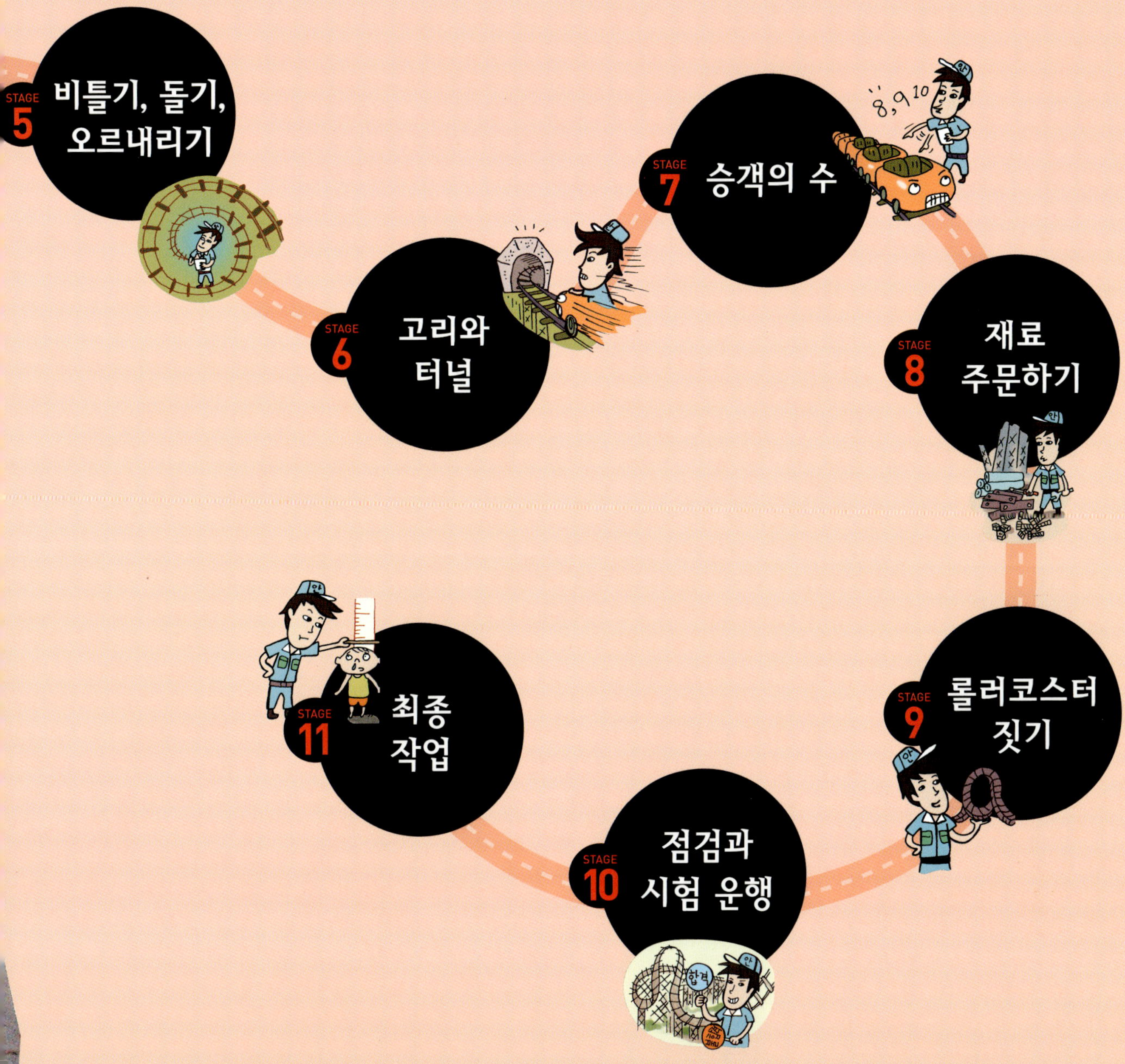
STAGE 5 비틀기, 돌기, 오르내리기
STAGE 6 고리와 터널
STAGE 7 승객의 수
8, 9, 10
STAGE 8 재료 주문하기
STAGE 9 롤러코스터 짓기
STAGE 10 점검과 시험 운행
합격
STAGE 11 최종 작업

자료 다루기
- 표 : 48, 49, 56, 57쪽
- 그래프 : 64, 65쪽

측정
- 둘레의 길이 : 46, 54, 55쪽
- 측정 단위 변환 : 48, 49쪽
- 넓이 : 46쪽

도형과 공간
- 평면도형 : 50, 54, 62, 63쪽
- 좌표 : 46쪽
- 각도 : 52, 53, 62쪽
- 선대칭 : 62쪽

G&M STEEL INC
LORAIN

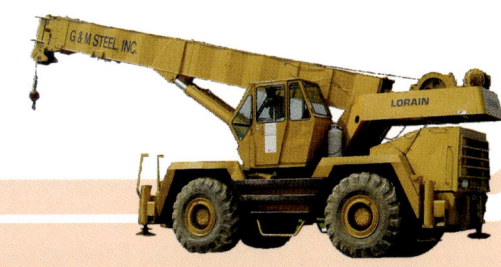

롤러코스터를 설계하기 전에

롤러코스터를 좋아하나요?
지금까지 몇 가지 롤러코스터를 타 보았나요?
혹시 그 중에 나무로 만든 롤러코스터도 있었나요?

나무 롤러코스터는 열차와 직접 닿는 레일 표면을 제외한 모든 구조물을 나무로 만든 롤러코스터입니다. 나무는 쇠만큼 튼튼하지 않으니까, 나무를 매우 촘촘하게 잘 연결해서 구조물을 만들어야 해요. 만들기는 힘들지만, 나무로 만든 롤러코스터는 소리도 부드럽고, 구조물 전체 모습도 훨씬 더 멋있답니다.

나무 롤러코스터 중에서는 미국의 '더 비스트'가 유명한데, 총 길이가 2243m로 (운행 시간 4분 50초) 시속 104km의 속도로 45도 급경사를 휙~ 날듯이 달립니다.

미국에 있어서 못 타볼 것 같아 아쉽다고요? 그럴 필요 없어요. 우리 나라에 더 대단한 롤러코스터가 생겼습니다. 2008년 3월 우리 나라에서 운행을 시작한 '티 익스프레스'가 바로 그것입니다.

눈을 감고 상상해 보세요. 떨리는 마음으로 열차에 앉아 있고. 안전바가 잠기고 나면 열차가 출발해서 레일을 따라 높이 올라가기 시작해요. '덜컹덜컹' 열차가 흔들리면서 소리가 날까요? 아니에요. 티 익스프레스는 엘리베이터처럼 굵은 와이어로 끌어 올립니다. 열차는 어느새 빌딩 18층 높이에 와 있습니다. '어~?' 하고 소리지를 새도 없을 거예요. 미끄러지는 것도 잠시, 그대로 뚝 떨어져 버릴테니까요. 경사는 무려 77°! 이 때 속도가 시속 104km래요. 자동차가 고속도로 위를 달리는 속도로 뚝 떨어지고 있다고 생각해 보세요. 높이만 높다고 생각하고 얕보면 안 됩니다. 레일의 길이도 어마어마해요. 총 길이가 1641m거든요. 한 번 타면 꼼짝없이 3분간은 열차가 가는 대로 몸을 맡겨야 할 거예요. 울지 않고 견딜 자신이 있나요?

설마, 시시하다고요? 그렇다면 이 책을 읽으면서 더 멋진 여러분만의 롤러코스터를 설계해 보세요.

어떻게 하면 더 멋지고 짜릿한 롤러코스터를 만들 수 있을까요?

본격적으로 롤러코스터를 설계하기 전에 한 가지 더!
재미있는 롤러코스터 몇 가지를 살펴볼까요?

미국 펜실베이니아주 허시 파크에 있는 '라이트닝 레이서'는 트랙이 두 개로 열차 두 대가 동시에 출발한다고 합니다. 둘이 서로 경쟁하듯이 달려서 더 재미있다나 봐요. 세상에는 롤러코스터를 앉아서만 타라는 법은 없겠죠? 좌석이 앞 뒤로 빙빙 도는 롤러코스터도 있어요. 그런가 하면, 슈퍼맨처럼 엎드린 채 날아가는 자세로 타는 롤러코스터도 있습니다. 롤러코스터 이름도 '슈퍼맨'(미국 식스 플래그 파크)이래요. 자전거처럼 생긴 의자에 서서 타는 롤러코스터도 있어요. 빠르지는 않겠지만, 독특한 생각이네요.

사람들이 견딜 수 있어야 하니까, 롤러코스터의 높이, 빠르기, 타는 시간을 무조건 최대한으로 할 수만은 없을 거예요. 그렇다면 더 특이하고 재미있는 롤러코스터를 만들기 위해서 필요한 것은?

바로 여러분의 상상력입니다!

STAGE 1 롤러코스터에 대하여

롤러코스터에 대해 얼마나 알고 있나요? 세계에서 가장 긴 롤러코스터는? 가장 빠른 것은? 가장 많은 사람들을 태운 롤러코스터는? 가장 재미있는 것은? 이제부터 살펴볼 내용들이 지금까지의 롤러코스터보다 더 크고 멋진 롤러코스터를 디자인하는 데 도움이 될 거예요. 롤러코스터에는 두 가지 형태가 있습니다. 강철로 만드는 것과, 나무로 만드는 것입니다. 열차가 달리는 길은 나무로 만들고 구조물은 강철로 만드는 롤러코스터도 있고, 전체를 모두 나무로 만드는 롤러코스터도 있습니다.

롤러코스터 계획서

DATA BOX 를 보고, 다음 물음에 답해 보세요.

(1) 다음 기록에 맞는 롤러코스터는 어느 것인가요?
  (a) 가장 높은 것은?
  (b) 가장 빠른 것은?
  (c) 가장 긴 것은?
  (d) 가장 오래된 것은?

(2) (a) 킹다 카는 비스트보다 얼마나 더 높은가요?
  (b) 탑 스릴 드래그스터는 다이타라사우라스보다 얼마나 더 높은가요?
  (c) 타워 오브 테러는 보이지보다 얼마나 더 높은가요?

(3) 롤러코스터의 속도가 2배 관계에 있는 것을 골라 보세요. 이 둘은 어느 것인가요?

(4) 개장한 연도의 차는 얼마인가요?
  (a) 도톤파와 보이지
  (b) 얼티메이트와 비스트
  (c) 빅 디퍼와 하데스

 68쪽에 도움말이 있습니다.

롤러코스터의 역사

최초의 롤러코스터는 러시아에 있었습니다. 사람들은 조각된 얼음 상자에 올라타고 나무로 만들어진 미끄럼틀을 타고 내려갔습니다. 1800년대에 미국에서는 석탄 운반용으로 언덕에서 내려오는 레일을 만들었습니다. 1870년대에 와서는 레일은 석탄을 운반하는 용도로만 쓰는 것이 아니라 사람들이 그 레일에서 기차를 타고 즐기기 시작했습니다. 최초의 롤러코스터는 1884년에 미국 뉴욕의 코니 아일랜드에서 개장했습니다. 그 롤러코스터의 이름은 스위치백 레일웨이입니다. 1930년에는 미국에만 2000개의 롤러코스터가 생기게 되었습니다.

DATA BOX 세계의 유명 롤러코스터

여기에는 세계에서 가장 높고, 가장 빠르고, 가장 긴 롤러코스터의 목록이 있습니다. 레일을 강철로 만든 것에는 (S)를 적고, 나무로 만든 것에는 (W)를 적었습니다.

위치·이름	높이 (m)	최고 속도 (km/시)	길이 (m)	개장한 연도
미국, 오하이오주·비스트(W)	34	105	2256	1979
영국, 블랙풀·빅 디퍼(W)	18	68	1005	1923
일본·다이타라사우라스(S)	28	72	2340	1970
일본·두톤파(S)	52	172	1189	2001
미국, 위스콘신주·하데스(W)	42	105	1441	2005
미국, 뉴 저지주·킹다 카(S)	139	206	950	2005
미국, 오하이오주·밀레니엄 포스(S)	91	148	2010	2000
미국, 오하이오 주·탑 스릴 드래그스터(S)	128	193	853	2003
호주·타워 오브 테러(S)	115	160	376	1997
영국, 라이트워터 밸리·얼티메이트(S)	32	80	2270	1991
미국, 인디아나주·보이지(W)	49	108	1964	2006

2005년에 개장한 롤러코스터 하데스의 모습.

도전 문제

DATA BOX 를 보고, 다음 물음에 답해 보세요.

(1) 롤러코스터의 길이가 짧은 것부터 긴 순서대로 나열해 보세요.

(2) 최고 속도를 비교해 보세요.
 (a) 하데스보다 빠른 것은 몇 개인가요?
 (b) 하데스와 최고 속도가 같은 롤러코스터는 몇 개인가요?
 (c) 하데스보다 느린 것은 몇 개인가요?

(3) 빅 디퍼가 개장한 이후 다음의 롤러코스터가 개장할 때까지 몇 년이 지났나요?
 (a) 비스트　　(b) 킹다 카
 (c) 밀레니엄 포스　(d) 얼티메이트

STAGE 2 어디에 롤러코스터를 지을까?

롤러코스터를 지으려면, 먼저 지을 곳의 크기와 모양을 정해야 합니다. 놀이공원의 다른 놀이기구들 사이에 몇 개의 롤러코스터를 새로 지으려고 합니다. 부지*에는 호수, 나무, 건물처럼 옮길 수 없는 시설이 있습니다. 부지를 정했다면, 롤러코스터를 디자인해야 합니다. 롤러코스터는 승객이 속도를 조절할 수 없기 때문에 더 무섭고 재미있습니다. 미처 예상하지 못한 곳에서 돌고, 높이 솟아올랐다가 떨어집니다. 공원 안에 있는 다른 놀이기구에 가까이 달리거나, 나무 옆이나 커다란 바위 사이를 휙 지나가는 것도 롤러코스터의 재미입니다.

*부지 : 건물을 세우거나 도로를 만들기 위하여 마련한 땅

롤러코스터 계획서

DATA BOX 에는 놀이공원 부지의 지도가 네 개 있습니다. 각각의 지도를 자세히 살펴보고, 다음 물음에 답해 보세요.

(1) 부지 A, B, C, D 중에 어느 것인지 알아보세요.
 (a) 나무가 (3, 1)에 있는 곳은 어디인가요?
 (b) 호수가 (2, 5)에 있는 곳은 어디인가요?
 (c) 놀이기구가 (5, 3)에 있는 곳은 어디인가요?
 (d) 입구가 (5, 6)에 있는 곳은 어디인가요?

(2) 다음 시설이 있는 좌표를 적어 보세요.
 (a) 부지 B의 나무
 (b) 부지 A의 호수
 (c) 부지 D의 입구
 (d) 부지 A의 입구

 68쪽에 도움말이 있습니다.

부지를 정리하는 모습.

도전 문제

DATA BOX 에 있는 지도를 보고, 물음에 답해 보세요.

(1) 부지 A의 넓이는 28칸입니다. 나머지 세 곳의 넓이도 구해 보세요.
(2) 둘레의 길이가 가장 긴 곳은 어디인가요?
(3) 둘레의 길이가 가장 짧은 것부터 차례로 나열해 보세요.

 68쪽에 도움말이 있습니다.

부지와 디자인

놀이기구를 디자인할 때는 다음과 같은 점을 고려해야 해요.

- 놀이기구는 부지 귀퉁이에서 얼마만큼 떨어져서 지어야 한다는 규정이 있는가?
- 놀이기구의 높이 제한이 있는가?
- 땅은 놀이기구를 받쳐 줄 수 있을 만큼 단단한가?

DATA BOX 롤러코스터를 지을 부지

롤러코스터를 지을 수 있는 네 개의 부지를 그린 그림입니다.
각 부지별로 장점과 단점을 정리해 보았습니다.

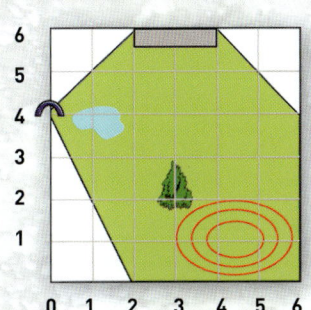

부지 A
첫 번째 땅에는 큰 언덕이 있어서 롤러코스터의 일부분으로 이용하기 좋습니다.
높은 곳에서 급히 떨어지는 부분을 언덕 위에 짓게 되면, 구조물을 높이 쌓지 않아도 되어서 비용이 절약됩니다.

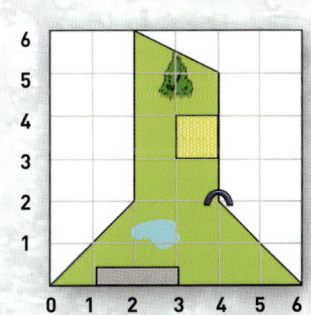

부지 B
이곳은 좁고, 자연적인 언덕이 없습니다.
그래서 일부러 언덕을 만들어야 합니다. 가장 땅이 좁고, 장애물이 많습니다. 또, 큰 다른 놀이기구도 있고, 나무, 호수, 건물도 있습니다.

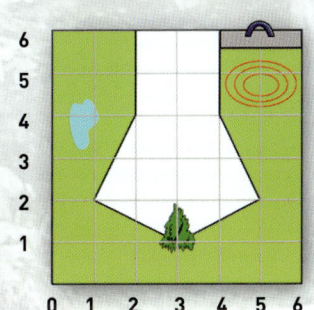

부지 C
이 땅의 모양은 달려 나갔다가 돌아서 제자리로 오는 롤러코스터가 들어서기 좋게 생겼습니다.
이런 모양의 롤러코스터에는 비틀리거나 도는 곳은 적지만 여러 가지 높이의 언덕이 많이 있습니다. 그래서 떨어지는 스릴을 마음껏 즐길 수 있습니다.

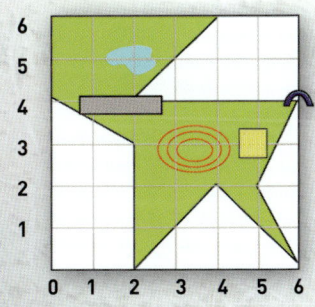

부지 D
네 번째 부지는 모양도 특이하고, 제한도 많습니다. 부지 한가운데에 언덕이 있어서 롤러코스터로 이용하기에 어려울 것 같습니다. 또한 롤러코스터가 건물 위로 넘어가도록 지어야 합니다.

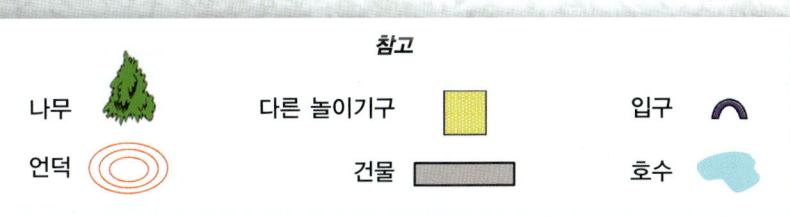

STAGE 3 롤러코스터의 원리

롤러코스터 열차에는 엔진이 없습니다. 롤러코스터를 높은 언덕 꼭대기까지 밀어 올리면, 그 다음 떨어질 때는 중력의 힘만으로 움직입니다. 그래서 첫 번째 언덕은 코스 중에서 가장 높습니다. 롤러코스터의 속도가 떨어질 때 즈음, 다른 언덕으로 롤러코스터의 에너지를 높여주기도 하지만, 첫 번째 언덕만큼 높지는 않습니다. 달리는 동안 열차의 바퀴와 트랙 사이에 생기는 마찰력 때문에 롤러코스터는 점점 속력이 떨어집니다.

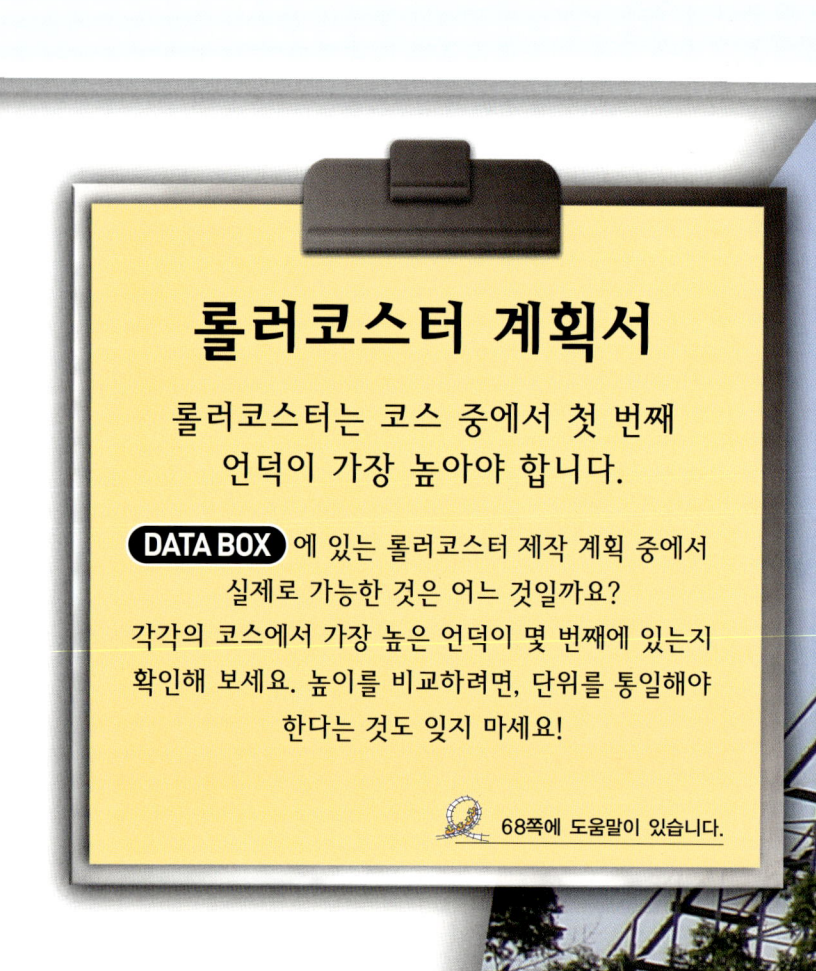

첫 번째 언덕

롤러코스터 계획서

롤러코스터는 코스 중에서 첫 번째 언덕이 가장 높아야 합니다.

DATA BOX 에 있는 롤러코스터 제작 계획 중에서 실제로 가능한 것은 어느 것일까요?
각각의 코스에서 가장 높은 언덕이 몇 번째에 있는지 확인해 보세요. 높이를 비교하려면, 단위를 통일해야 한다는 것도 잊지 마세요!

68쪽에 도움말이 있습니다.

롤러코스터 속의 과학-원심력

차를 탄 채로 차가 빠르게 곡선길을 돌면, 곡선길의 바깥쪽으로 몸이 쏠리는 것을 느껴 본 적이 있나요? 이것은 몸이 원운동을 할 때, 몸에 어떤 힘이 작용하기 때문입니다. 이 힘은 몸을 원 바깥쪽으로 향하게 합니다. 이 힘을 '원심력'이라고 부릅니다. 몸이 빠르게 돌면 빠르게 돌수록 원심력은 더 커집니다. 원심력이 있어서 롤러코스터가 더 재미있답니다.

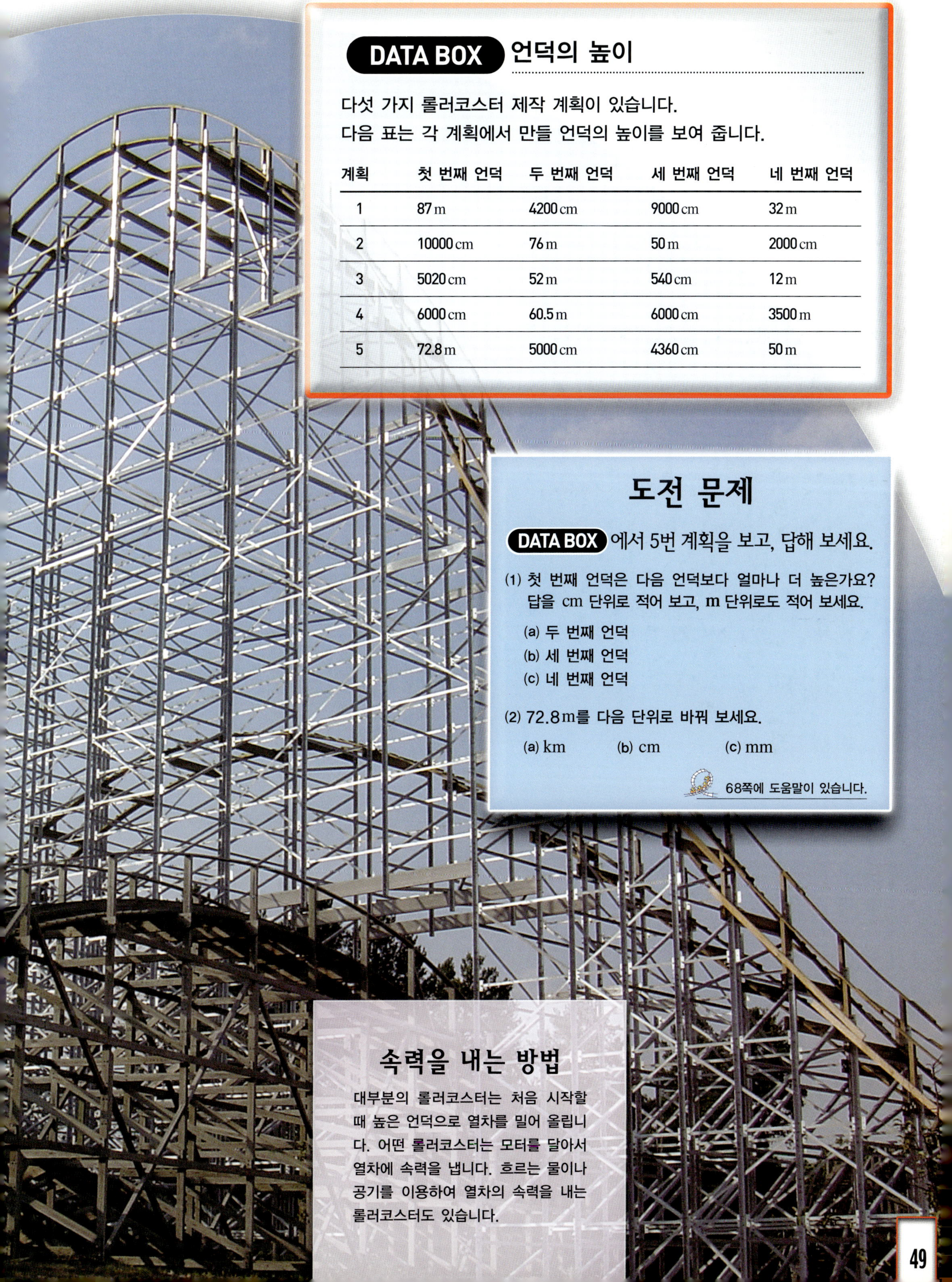

DATA BOX 언덕의 높이

다섯 가지 롤러코스터 제작 계획이 있습니다.
다음 표는 각 계획에서 만들 언덕의 높이를 보여 줍니다.

계획	첫 번째 언덕	두 번째 언덕	세 번째 언덕	네 번째 언덕
1	87 m	4200 cm	9000 cm	32 m
2	10000 cm	76 m	50 m	2000 cm
3	5020 cm	52 m	540 cm	12 m
4	6000 cm	60.5 m	6000 cm	3500 m
5	72.8 m	5000 cm	4360 cm	50 m

도전 문제

DATA BOX 에서 5번 계획을 보고, 답해 보세요.

(1) 첫 번째 언덕은 다음 언덕보다 얼마나 더 높은가요?
답을 cm 단위로 적어 보고, m 단위로도 적어 보세요.

 (a) 두 번째 언덕
 (b) 세 번째 언덕
 (c) 네 번째 언덕

(2) 72.8 m를 다음 단위로 바꿔 보세요.

 (a) km   (b) cm   (c) mm

68쪽에 도움말이 있습니다.

속력을 내는 방법

대부분의 롤러코스터는 처음 시작할 때 높은 언덕으로 열차를 밀어 올립니다. 어떤 롤러코스터는 모터를 달아서 열차에 속력을 냅니다. 흐르는 물이나 공기를 이용하여 열차의 속력을 내는 롤러코스터도 있습니다.

STAGE 4 롤러코스터 디자인

롤러코스터가 어떻게 움직이는지도 알아보았으니 이제는 롤러코스터를 디자인할 차례입니다. 롤러코스터를 여러 가지로 디자인해 보고, 어떻게 만들면 가장 재미있을지 고민해 봐야 합니다. 여기에 몇 가지 디자인을 그려 보았습니다. 어떤 것이 가장 재미있을 것 같나요? 롤러코스터는 재미있으면서도 놀이공원에 잘 어울려야 합니다. 롤러코스터가 빠르게 위 아래로 오르락 내리락 했으면 좋겠나요, 아니면 평균속도는 조금 느려지더라도 높은 곳에서 크게 떨어지는 구간이 많았으면 좋겠나요?

롤러코스터 계획서

 에 있는 디자인 그림을 살펴보세요.

(1) A의 땅 모양은 6개의 변을 가지고 있는 육각형입니다. D의 땅 모양은 뭐라고 부르면 좋을까요?

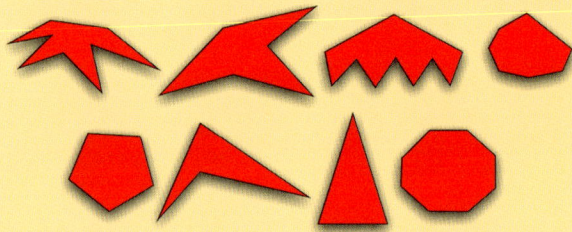

(2) 위의 도형들의 이름은 뭐라고 부르면 좋을까요? (각 도형이 갖고 있는 변의 수를 세어 보면, 쉽게 구할 수 있을 거예요.)

도전 문제

 에서 C의 땅 모양은 전체 36개의 사각형 중에서 24개만큼을 차지하고 있습니다. 이것을 분수 $\frac{24}{36}$로 나타내기로 합니다.

(1) $\frac{24}{36}$와 크기가 같은 분수를 5개만 적어 보세요.

(2) $\frac{24}{36}$를 가장 간단히 표현하면, 어떻게 적으면 좋을까요? (이것을 기약분수라고 합니다.)

(3) A의 땅 모양이 차지하는 부분을 분수로 나타내면 어떻게 나타낼 수 있을까요? 기약분수로도 나타내어 보세요.

68쪽에 도움말이 있습니다.

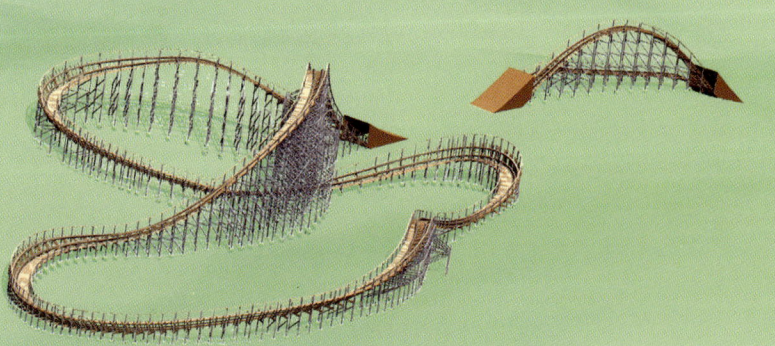

'보이지' 롤러코스터의 언덕과 터널을 컴퓨터로 그린 모습.

DATA BOX 롤러코스터 디자인

아래는 롤러코스터 디자인 그림입니다.
각 코스의 총 길이와 최고 높이는 모두 같습니다.

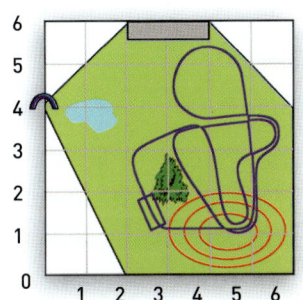

A 이 롤러코스터에는 교차되는 지점이 많습니다. 교차되는 지점에서는 꼭 구조물에 충돌할 것만 같아서 조마조마한 스릴감을 느낄 수 있습니다.(물론 실제로 충돌하는 것은 아니고, 위나 아래로 지나갑니다.) 첫 번째 계곡을 지나고 나면, '낙타 등'과 같은 높은 언덕이 나옵니다. 여기서 몸이 허공에서 떨어지는 듯한 느낌을 받습니다. 마지막에는 오른쪽, 왼쪽으로 들디기 빠르게 위 아래로 오르내린 후에 곧게 앞으로 나아가면서 코스가 끝납니다.

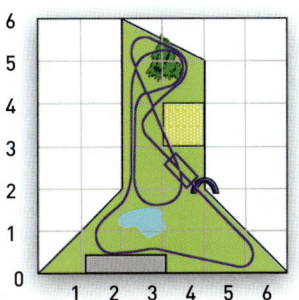

B 첫 번째 언덕 위에 올라가서는 열차가 휙 꺾인 다음에 곧바로 떨어집니다. 그 다음 왼쪽으로 부채꼴* 모양을 그리며 돕니다. 그리고는 열차가 도는 부분 가운데까지 점점 높이 올라가서는 다시 또 떨어집니다. 나선 모양으로 올라갔다가 언덕을 내려와서 열차 방향이 바뀝니다. 호수를 바라보며 빠르게 위 아래로 오르내린 후, 왼쪽으로 휙 돌아서 끝납니다.

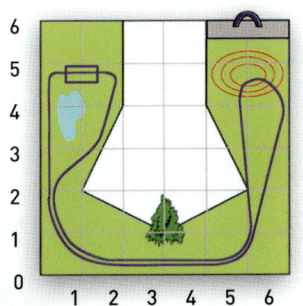

C 강아지 다리 모양으로 갔다가 되돌아오는 코스입니다. 처음에는 오랫동안 길게 떨어집니다. 돌아오는 길에는 빠르게 위 아래로 오르내리는 코스가 많이 있습니다. 이 코스에는 도는 부분이 거의 없습니다. 대신에 올라갔다가 내려오는 부분이 많아서 몸이 붕 떠서 허공에서 떨어지는 느낌을 많이 받을 수 있습니다.

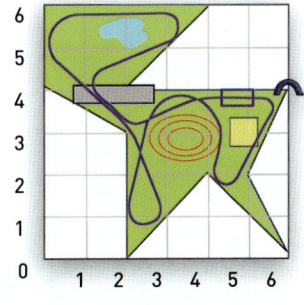

D 역을 나와서 크게 돈 다음에 언덕을 올라갑니다. 첫 번째 언덕 꼭대기에서 'U'자 모양으로 돌고 나서 떨어집니다. 곧게 달린 뒤에는 크게 낙타 등 모양으로 언덕을 오르내립니다. 건물 위를 넘어가면서 빠르게 위 아래로 오르내립니다. 낮게 내려와서는 빠르게 지그재그 모양으로 달리고 나서 코스가 끝납니다.

참고

| 나무 🌲 | 다른 놀이기구 🟨 | 언덕 ⌒ | 사람들이 열차에 타고 내리는 역 ▭ |
| 언덕 ◎ | 건물 ▬ | 호수 ☁ | 롤러코스터가 지나가는 길 — |

*부채꼴: 부채를 폈을 때처럼 생긴 모양 ◣

STAGE 5 비틀기, 돌기, 오르내리기

롤러코스터는 여러 가지 모양으로 비틀고, 돌고, 올라갔다가 내려오는 코스를 만들어야 합니다. 한 가지 움직임이 한 번에 너무 오랫동안 계속되면 안 됩니다. 롤러코스터를 비틀거나 돌리는 동작에도 여러 가지 이름이 있습니다. 예를 들면, '나선 돌기'(병뚜껑 나선처럼 비트는 것) '매듭 돌기'(매듭 모양으로 완전히 비트는 것) 등이지요. 요즘에는 '나선 돌기'가 있는 롤러코스터가 참 많지만, 1975년 캘리포니아에 롤러코스터가 생기기 전까지만 해도 그런 모양이 없었습니다. 여러 가지 모양을 어떻게 연결할 것인지 잘 생각해 보세요.

롤러코스터 계획서

DATA BOX를 보고, 다음 물음에 답해 보세요.

(1) 각 코스의 도는 각도를 알아보세요.
 (a) A 코스
 (b) B 코스
 (c) C 코스

(2) 각 코스가 도는 각도는 직각이 몇 개 모인 것과 같나요?
 (a) A 코스
 (b) B 코스
 (c) C 코스

 69쪽에 도움말이 있습니다.

가장 긴 자유낙하

롤러코스터를 타고 언덕에서 떨어질 때에는 공중에 붕 떠서 자유낙하를 하게 됩니다. 보이지 롤러코스터는 나무로 만든 롤러코스터 중에서 떨어지는 시간이 가장 깁니다. 24초를 넘는다는군요.

DATA BOX 나선 돌기 코스

어떤 롤러코스터에는 고리 모양으로 '나선 돌기' 코스가 있고, 없는 것도 있습니다.

다음은 여러 가지 나선 돌기 코스에서 몇 바퀴를 도는지 적은 것입니다.

A 코스	4바퀴
B 코스	6바퀴
C 코스	5바퀴

한 바퀴를 완전히 돌게 되면 360°입니다. 그리고 직각이 4개 모이면 한 바퀴가 됩니다.

왕복 코스 디자인

열차가 지나가는 길 모양이 왕복 코스인 롤러코스터가 많습니다.
이 롤러코스터들은 뒤집거나 도는 부분은 적지만 높이 올라갔다가 떨어지는 구간이 많습니다.

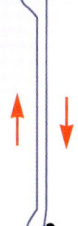

전통적인 길
곧장 앞으로 나갔다가 되돌아오는 길입니다. 이 트랙은 갔다가 오는 길이 붙어 있어서 하나의 구조물을 이용합니다. 갈 때는 높이 올라갔다가 떨어지고, 되돌아오는 길은 작지만 빨리 오르락 내리락 합니다.

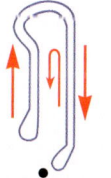

꺾인 길
짧게 갔다가 되돌아오는 것을 반복합니다. 나갔다가 돌아오다가 다시 갔다가 오는 것입니다. 한 구조물 위에 갔다가 오는 길을 함께 만들면, 짓는 데 돈이 적게 듭니다.

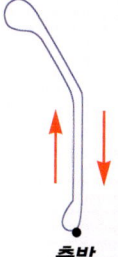

강아지 다리 모양의 길
길 가운데 부분이 꺾여 있습니다. 건물, 나무, 다른 놀이기구를 피해갈 때 사용합니다.

도전 문제

표의 빈 칸을 채워 보세요.

도는 각도	한 바퀴의 몇 분의 몇인가요?	분수를 가장 간단히 표현하면? (기약분수로 나타내기)
90°	$\frac{90}{360}$	$\frac{1}{4}$
270°		
45°		
60°		
30°		
15°		

나선 돌기

STAGE 6 고리와 터널

롤러코스터를 철로 만들면 완벽한 원 모양의 고리를 만들기 좋습니다. 모든 고리 모양의 기본 형태는 같습니다. 그 모양은 꼭 눈물방울을 거꾸로 보는 것과 같습니다. 이 고리 모양은 탑승자가 편안하게 느끼며, 롤러코스터가 빨리 움직일 수 있습니다. 롤러코스터 코스에 터널을 넣을 수도 있습니다. 터널 안의 어둠 속에서 롤러코스터가 달리는 소리를 들으면, 훨씬 빠르게 달리는 것처럼 느껴집니다. 또한 방향을 틀어서 갑자기 터널 속으로 떨어지게 한다면, 지금 어디쯤 달리고 있는지, 다음에는 무엇이 나올지 알 수 없습니다.

롤러코스터 계획서

다음은 몇 개의 고리를 그린 그림입니다.

트랙이 얼마나 필요한지 어림하기 위해서 두 개의 다각형을 그렸습니다. 아래 그림처럼 하나는 고리 안쪽에 그리고, 다른 하나는 고리 바깥쪽에 그렸습니다. 각 다각형의 안쪽과 바깥쪽의 둘레의 길이를 구하면, 두 답 사이에 있는 트랙의 길이를 구할 수 있을 거예요.

(1) 아래 고리에서 다각형의 안쪽과 바깥쪽의 둘레의 길이를 구해 보세요.

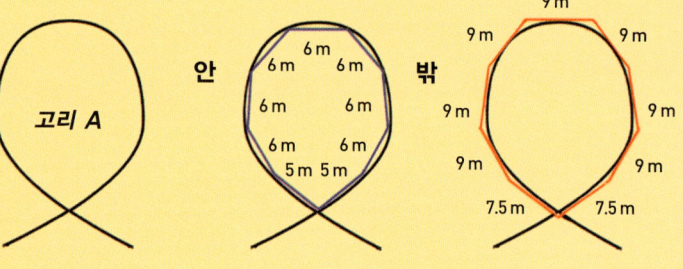

(2) 아래 고리에서 다각형의 안쪽과 바깥쪽의 둘레의 길이를 구해 보세요.

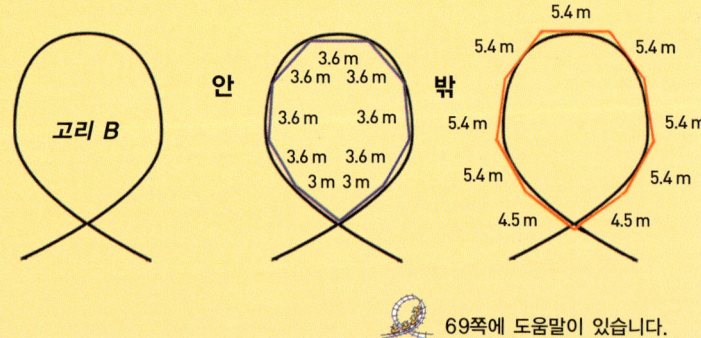

69쪽에 도움말이 있습니다.

터널 속의 긴장감

미국 위스콘신주에 있는 '하데스' 롤러 코스터는 처음 언덕을 지난 후에 바로 터널로 들어갑니다. 언덕 꼭대기에 올랐을 때는 작은 검은 구멍만 보이다가 속도가 점점 빨라질수록 구멍이 더 크게 보입니다. 터널 속에 들어간 롤러코스터는 깜깜한 가운데서 작게 여러 번 오르내리고 돌기를 합니다.

고리 모양의 역사

1901년에 지어진 '플립 플랩 레일 웨이'라는 롤러코스터에서 처음으로 고리 모양이 등장했습니다. 그렇지만 탑승자가 심한 불편함을 느껴 금세 문을 닫았습니다. 2000년에 생긴 '선 오브 비스트'라는 롤러코스터는 나무로 만든 롤러코스터 중에서 유일하게 고리 모양이 있는 롤러코스터입니다.

터널 속의 트랙을 만드는 모습. 열차는 칠흑같은 어둠 속에서 90°로 뒤틀린 상태로 달립니다.

도전 문제

[롤러코스터 계획서]에서 찾은 두 쌍의 답을 이용하여 다음 물음에 답해 보세요.

고리의 길이가 고리 안쪽에 그린 다각형의 둘레의 길이와 고리 바깥쪽에 그린 다각형의 둘레의 길이 사이의 정확히 중간이라면 각 고리의 길이는 얼마일까요?

 69쪽에 도움말이 있습니다.

STAGE 7 승객의 수

열차의 길이는 롤러코스터에 몇 명의 사람이 탈지 생각해서 정한답니다. 롤러코스터를 이용해서 돈을 벌려면, 가능한한 많은 사람을 태우는 것이 좋습니다. 롤러코스터가 한번에 10명의 사람을 태우고 20분 동안 돈다면, 많은 돈을 벌 수 없을 거예요. 그래서 대부분의 롤러코스터는 한 번 도는 데 2~3분이 걸리고, 20~30명의 사람이 열차에 탑니다. 또한 한 개 이상의 열차가 움직입니다. 즉, 한 열차가 달리고 있는 동안 다른 열차는 승객을 태우고 기다립니다. 탈 수 있는 최대 승객의 수는 열차의 형태에 따라 달라지겠죠?

롤러코스터 계획서

DATA BOX 를 보고, 다음 물음에 답해 보세요.

(1) 한번에 가장 많은 수의 사람을 태울 수 있는 열차는 어느 것인가요?

(2) 어떤 열차가 시간이 가장 많이 걸리나요?

(3) 1시간(60분) 동안 각 열차는 몇 번 운행 하는지 구해 보세요.
  (a) 열차 A
  (b) 열차 B
  (c) 열차 C
  (d) 열차 D

 69쪽에 도움말이 있습니다.

여러 대의 열차 운행

롤러코스터를 타는 사람의 수를 늘리기 위해서는 여러 대의 열차를 이용할 수도 있습니다. 여러 대의 열차를 안전하게 운행하기 위해서는 컴퓨터가 조종하게 합니다. 롤러코스터 레일을 몇 개의 구간으로 나눕니다. 나누어진 하나의 구간 안에 꼭 열차 한 대만이 들어가야 합니다. 컴퓨터 시스템은 구간이 완전히 비었을 때, 열차가 들어가 도록 조절합니다.

DATA BOX 롤러코스터 열차

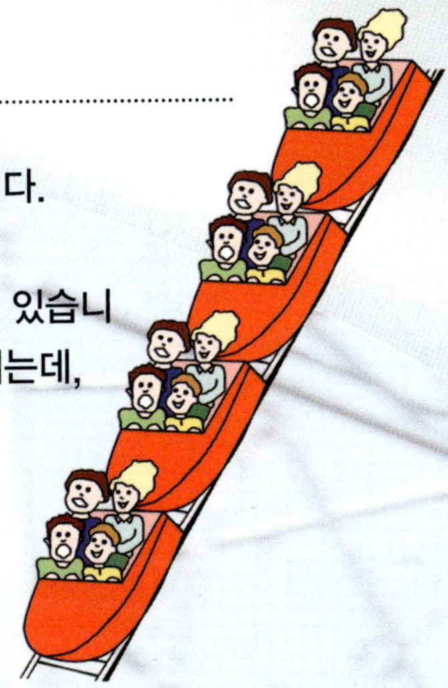

롤러코스터 열차는 보통 몇 개의 칸이 연결되어 있습니다. 각각의 칸에는 긴 의자가 놓여 있습니다. 긴 의자 하나에는 보통 2명에서 3명의 사람이 앉을 수 있습니다. 오른쪽의 그림에서는 4칸이 모여서 열차 하나가 되는데, 한 칸당 2개의 긴 의자가 있고, 긴 의자 하나에는 2명이 앉아 있습니다.
놀이공원 경영자는 새 열차를 들여오기로 하였습니다. 그는 최대한 많은 사람들이 롤러코스터를 이용하기를 원합니다. 다음은 네 가지 종류의 열차에 대한 정보를 정리한 표입니다.

	긴 의자에 앉는 사람의 수	한 칸에 있는 긴 의자의 수	열차에 연결된 칸의 수	운행 시간
열차 A	2	2	6	3분
열차 B	2	3	5	4분
열차 C	3	2	3	2분
열차 D	2	4	4	5분

도전 문제

DATA BOX 의 정보를 이용하여
한 시간 동안 탈 수 있는 최대 사람 수를 구해 봅시다.

(1) 놀이공원 경영자는 한 시간 동안에 최대한 많은 사람들이 롤러코스터를 이용하기를 원합니다. 어떤 열차를 고르면 좋을까요?

(2) 한 시간 동안 탈 수 있는 사람 수가 가장 적은 열차는 어느 것인가요?

69쪽에 도움말이 있습니다.

STAGE 8 재료 주문하기

롤러코스터 디자인도 결정되었으니 이제 재료 주문을 어떻게 할 것인지 생각해야 합니다. 수천 개의 철근 막대와 그것을 연결할 볼트*를 주문해야 해요. 장난감을 조립하듯이 볼트를 이용하여 막대를 서로 연결합니다. 만드는 과정을 지휘할 작업 감독관도 고용해야 하며 작업 감독관은 만드는 데 필요한 기계(굴착기, 크레인, 콘크리트 기계 등)를 빌립니다. 롤러코스터 구조물을 땅 위에 놓고, 크레인을 이용하여 제 위치로 옮깁니다. 이제 롤러코스터가 제 모양을 갖추기 시작하네요!

*볼트 : 두 물체를 죄거나 붙이는 데 쓰는 육각이나 사각의 머리를 가진 수나사

롤러코스터 계획서

DATA BOX 에는 롤러코스터를 짓는 데 필요한 재료들에 대한 정보가 있습니다. 꽤 많은 재료가 필요합니다.

(1) 다음 수를 글로 써 보세요.
  (a) 43m
  (b) 170개의 나무 막대
  (c) 900개의 다리
  (d) 1200개의 연결 부속
  (e) 1441m
  (f) 1882개의 레일
  (g) 1712개의 강철 막대
  (h) 3900개의 부속

(2) 다음을 수로 써 보세요.
  (a) 사십사만
  (b) 이만 칠천
  (c) 삼억 이백오만 육천삼백
  (d) 천사백칠
  (e) 오백만 삼백팔

(3) 문제(1)에 있는 수에서 각각 1씩을 빼면 어떤 수가 되나요?

강철 막대를 교차하여 만든 교각이 롤러코스터를 받쳐 줄 겁니다.

DATA BOX — 롤러코스터 재료

보통 3m마다 트랙을 받쳐주는 버팀대 한 개가 필요합니다. 하나의 버팀대에는 3개의 다리, 3개의 가로대, 3개의 대각선, 4개의 연결 부품(가느다란 막대)이 들어갑니다. 그래서 900m 길이를 만들기 위해서는 900개의 다리와 900개의 가로대와 900개의 대각선, 1200개의 연결 부품으로 총 3900개의 부속이 필요합니다. 아직 볼트와 그 외 다른 작은 부품, 트랙의 수는 세지 않았는데 말이지요!

'하데스' 롤러코스터는 길이가 1441m이고, 43m를 떨어집니다.
이것을 짓기 위해서 약 27000개의 철 부품이 사용되었고, 무게는 440000kg이 넘습니다.
구조물을 조립하기 위해서 쓰인 볼트의 수는 57000개입니다.

현재는 전 세계에 약 1882개의 롤러코스터가 운행되고 있습니다. 1712개는 철로 만들어진 것이고, 170개만이 나무로 만든 롤러코스터입니다.

세 개의 바퀴

롤러코스터 트랙에는 세 개의 바퀴가 달립니다. 바퀴 하나는 트랙 위를 달리고, 옆에 달린 바퀴는 트랙을 감싸고 있고, 마지막 바퀴는 트랙 아래쪽에 붙어 있습니다. 이 세 개의 바퀴가 함께 있어서 롤러코스터 열차가 안전하게 트랙을 따라 달릴 수 있습니다.

도전 문제

(1) 각 숫자에서 파란색 숫자가 실제로 나타내는 수를 적어 보세요. 예를 들면, 43에서 4는 40을 나타내고, 2300에서 2는 2000을 나타냅니다.

아래의 자릿수 표가 도움이 될 것입니다.

십만의자리	만의자리	천의자리	백의자리	십의자리	일의자리	
	2	7	0	0	0	철 조각의 수
	5	7	0	0	0	볼트의 수
4	4	0	0	0	0	철 조각의 무게(kg)

(a) 1441m (b) 3900개의 부속
(c) 1882개의 레일 (d) 27000개의 강철
(e) 1712개의 강철 막대 (f) 57000개의 볼트
(g) 440000kg

(2) 문제(1)에서 나온 답을 10으로 나누면 각각 얼마가 되나요?

 70쪽 '큰 수의 자릿값'과 '소수점의 이동'을 참고하세요.

STAGE 9 롤러코스터 짓기

롤러코스터를 만들 재료가 도착했습니다. 이제는 롤러코스터를 짓는 또 다른 일을 시작해야 합니다. 롤러코스터의 언덕과 터널을 만들 사람과 트랙과 받침대를 설치할 기술자들이 필요합니다. 또한 중간 크기의 나무 롤러코스터를 만드는 데 대략 9개월 정도가 걸린다고 하니 건설 기간 계획을 자세히 잘 세워야겠죠? 대부분의 놀이공원은 여름에만 개장하고, 겨울에 놀이기구를 짓습니다. 롤러코스터는 춥고 건조한 환경 속에서 공사를 하는 것이 좋기 때문이에요.

롤러코스터 계획서

DATA BOX 에 롤러코스터를 짓는 데 단계별로 걸리는 시간이 나와 있습니다. 이것을 이용하여 작업이 모두 끝날 때까지 걸리는 시간을 어림해 보세요. 이때 단위는 '주'를 사용해서 답해 보세요.

(한 달은 4주로 생각합니다.)

도전 문제

60쪽의 [롤러코스터 계획서]에서 구한 답을 보고, 다음 물음에 답해 보세요.

(1) 모든 작업이 끝나는 데 걸리는 시간은 모두 며칠인가요?

(2) 위에서 구한 답은 몇 년에 더 가까운지 골라 보세요.
  • 1년   • $1\frac{1}{2}$년   • 2년

 69쪽에 도움말이 있습니다.

설계 변경

롤러코스터를 짓는 동안 처음의 설계가 변경되기도 합니다. '하데스' 롤러코스터는 회전하는 부분을 짓고 난 후 첫 번째 언덕에 가는 길과 끝나는 부분을 변경하였다고 합니다.

DATA BOX — 롤러코스터 짓는 과정

롤러코스터를 만드는 5가지 단계를 나타냈습니다. 이들 중 몇 가지는 동시에 이루어지기도 합니다.

1단계: 측량
1~2주. 롤러코스터를 지을 땅을 측량*하여 롤러코스터를 어디에 둘 것인지 정합니다.

2단계: 기초 공사
3개월. 기초를 다집니다.

3단계: 구조물 세우기
6개월. 롤러코스터의 부품을 만들어 현장으로 가져온 뒤, 구조물을 세우고 볼트로 조입니다.

4단계: 트랙 만들기
2~3개월. 나무를 쌓고, 트랙을 자르거나 덧붙여 갑니다.

5단계: 기계 장치 설치
4주. 브레이크, 자동문, 체인, 모터, 조종 시스템 등을 설치합니다.

*측량: 기계를 사용하여 물건의 높이, 깊이, 넓이, 방향 따위를 재는 것

STAGE 10 점검과 시험 운행

롤러코스터가 다 지어지면 안전한지 검사해 보는 것이 매우 중요합니다. 셀 수도 없이 많은 시험을 거쳐서 검사관으로부터 안전하다고 합격을 받아야 합니다. 또한 시험 운행을 통해서 멋지게 잘 돌아가는지 확인하고 싶을 것입니다. 롤러코스터를 더 스릴 있게 하기 위해서 추가할 것은 없을까요? 또한 요금을 얼마로 정해야 할까요? 가격을 너무 높게 책정하면, 사람들이 타지 않을 테고, 너무 싸게 책정하면, 돈을 많이 벌기 어렵겠죠? 어떻게 해야할지 같이 고민해 봐요.

롤러코스터 계획서

DATA BOX 에는 롤러코스터 구조물의 사진이 있습니다. 롤러코스터 트랙을 받쳐 주는 구조물에는 여러 가지 도형이 보입니다.

아래 그림은 받침대의 일부분을 그린 것입니다. 그림에서 다른 모양에 다른 색을 칠했습니다.

(1) 각 도형의 이름을 말해 보세요.
(2) 적어도 하나 이상의 직각을 가진 도형은 어느 것인지 이름을 말해 보세요.
(3) 선대칭도형이어서 적어도 하나 이상의 대칭축을 가진 도형은 어느 것인가요?

롤러코스터는 놀이공원의 다른 놀이기구 주변을 달립니다.

DATA BOX 구조물 만들기

롤러코스터 아래를 떠받치고 있는 구조물을 찍은 사진입니다. 구조물 중에는 삼각형 모양의 구조물이 가장 튼튼하답니다.

도전 문제

오른쪽의 그림을 보세요.

서로 다른 크기의 정삼각형은 모두 몇 개나 찾을 수 있을까요?

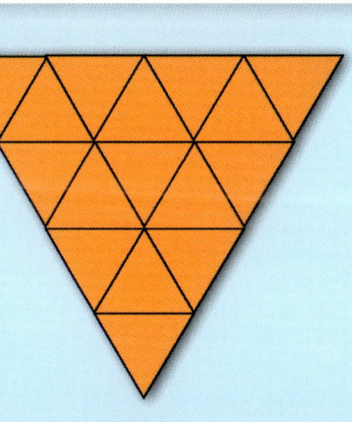

69쪽에 도움말이 있습니다.

STAGE 11 최종 작업

롤러코스터를 개장하기 전에 안전 검사관들이 시승을 해 봅니다. 검사관들은 사람들이 롤러코스터를 타고 내리는 과정과 롤러코스터가 달리는 동안 지켜야 할 주의 사항을 확인합니다. 또한 안전장치를 꼼꼼히 확인하지요. 검사관들은 어린 아이들이 위험에 빠지지 않도록 롤러코스터를 탈 수 있는 키나 나이에 제한을 둡니다. 대부분의 놀이기구는 적어도 122 cm가 넘어야 탈 수 있는 것이 많습니다. 드디어 검사관들이 롤러코스터를 승인했습니다. 이제 개장할 수 있게 되었어요. 축하합니다!

롤러코스터 계획서

DATA BOX 에는 롤러코스터를 타는 동안 탑승자의 높이를 보여 주는 그래프가 있습니다.

그래프를 보고, 다음 물음에 답해 보세요.

(1) 다음 시간에 사람들은 땅에서부터 몇 m 높이에 있게 되나요?
- (a) 1초 후
- (b) 4초 후
- (c) $9\frac{1}{2}$초 후
- (d) 5초 후

(2) 다음 높이에 오는 것은 출발한 지 몇 초 후인가요?
- (a) 50 m
- (b) 3 m

(3) 탑승자들은 롤러코스터가 달리는 동안 땅 위에서부터 40 m 높이에 세 번 오게 됩니다. 다음 높이에는 몇 번 오게 되나요?
- (a) 45 m
- (b) 35 m
- (c) 30 m
- (d) 10 m
- (e) 4 m

당신이 만든 롤러코스터는 수백만 명의 사람들에게 짜릿한 즐거움을 줄 것입니다.

DATA BOX   검사관의 보고서

검사관은 우리가 만든 롤러코스터를 보러 왔습니다.
그들은 여러 가지를 측정한 후 기록하고, 탑승자의 높이를 표시한 그래프를 그렸습니다.

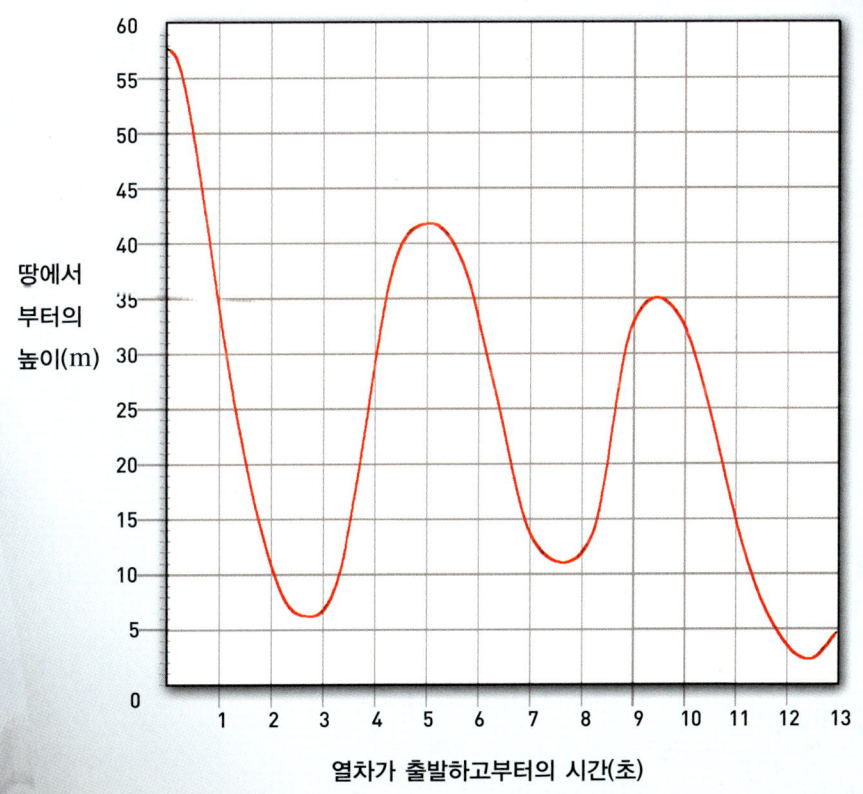

탑승 소감

사람들이 롤러코스터를 탄 후 내릴 때 하는 말을 들어 보면, 그들이 즐거워했는지 알 수 있습니다. 롤러코스터를 만든 사람들은 '사람들이 많이 웃는 것을 보면, 성공한 것이다.'라고 말합니다.

도전 문제

DATA BOX 의 그래프를 보고, 다음 물음에 답해 보세요.

그래프에서는 세 개의 언덕이 있습니다.

(1) 각 언덕의 높이는 얼마인가요?
(2) 두 번째 언덕은 첫 번째 언덕보다 얼마나 낮은가요?
(3) 세 번째 언덕은 두 번째 언덕보다 얼마나 낮은가요?
(4) 다음 시간에 롤러코스터가 있는 높이를 어림해 보세요.

    (a) 3.9초　　　(b) 4.2초

    (c) 6.9초　　　(d) 10.5초

마무리 도전 문제

문제 1 아래 도형을 보고, 물음에 답하세요.

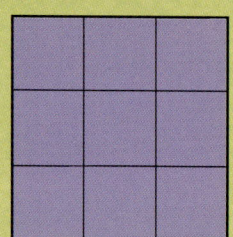

(1) 직사각형은 모두 몇 개입니까?

(2) 정사각형은 모두 몇 개입니까?

문제 2 롤러코스터를 하나 만드는 데 대략 9개월 정도가 걸린다고 합니다.

(1) 한 달을 30일로 생각하면 대략 며칠이 걸리나요?

(2) 2008년 4월 9일에 롤러코스터를 만들기 시작하면, 몇 월 며칠에 완성될까요?

문제 3 롤러코스터는 여러 각도로 회전을 합니다. 롤러코스터가 90° 회전하고, 270°씩 2번 회전했을 때 360°에 대하여 전체 회전한 각도를 기약분수로 나타내어 보세요.

문제 4

내가 디자인한 롤러코스터의 트랙의 길이는 총 750m입니다. 이 롤러코스터의 트랙을 만들기 위해 필요한 부품들의 개수를 계산하려고 합니다. 트랙 3m마다 버팀대 1개가 필요하고, 이 버팀대에는 3개의 다리, 3개의 가로대, 3개의 대각선, 4개의 볼트가 들어갑니다. 그렇다면 여러분이 준비해야 할 부품들은 각각 몇 개인가요?

문제 5

롤러코스터를 타기 위해서는 키가 130cm보다 커야 합니다.

이름	나이	키
기정	10살	1360mm
자은	내 동생은 나보다 3살이 어려.	내 키는 내 동생 하은이보다 6cm 더 커.
유정	자은이와 같음.	내 키(cm)는 내 나이에 6을 곱한 후, 뒤을 더한 수와 같아.
태형	12살	내 키(cm)는 내 나이에 13을 곱한 후, 13을 뺀 수와 같아.
선우	10살	기정이의 키와 유정이의 키를 더한 값은 하은이의 키와 내 키를 더한 값과 같아.
하은	9살	1.29m
현지	11살	내 키는 태형이의 키보다 15cm 작아.

(1) 롤러코스터를 탈 수 있는 사람은 누구일까요?

(2) 선우의 키는 몇 cm일까요?

성공을 위한 팁

STAGE 1 44-45쪽

최근의 연도에서 오래된 연도를 뺍니다.
예를 들면, 2003-1997=6(년)입니다.

STAGE 2 46-47쪽

[롤러코스터 계획서]

좌표 구하기
모눈에서 좌표를 찾는 방법: 가로축(아래 눈금)의 수를 먼저 쓰고, 다음에 세로축(옆의 눈금)의 수를 적습니다.

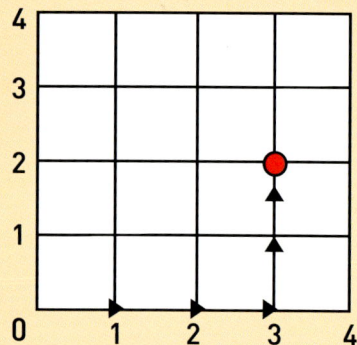

예를 들어 (3, 2)의 좌표는 오른쪽으로 3칸 가고, 위로 2칸 간 점을 의미합니다.

[도전 문제]

도형의 둘레의 길이를 구할 때는 모든 변의 길이를 더하면 됩니다.
또, 모양이 불규칙한 도형의 넓이를 구할 때는 도형의 안에 들어간 온전한 사각형의 개수와 잘린 부분을 보고, 온전한 사각형으로 만들어 사각형의 개수를 셉니다. 그런 다음 개수를 모두 더합니다.

아래 도형의 넓이는 6cm²입니다.

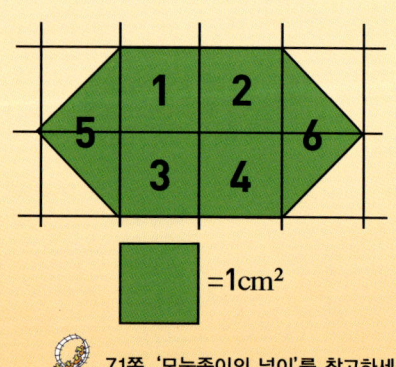

71쪽 '모눈종이의 넓이'를 참고하세요.

STAGE 3 48-49쪽

m를 cm 단위로 바꾸기
100cm는 1m와 같습니다. 그래서 cm를 m로 바꿀 때에는 100으로 나눕니다. 수를 100으로 나누는 방법은 자릿수를 오른쪽으로 두 칸 옮기는 것입니다.
예를 들어 볼까요?
57960÷100=579.6

만의 자리	천의 자리	백의 자리	십의 자리	일의 자리	소수 첫째 자리
5	7	9	6	0	
	5	7	9	6	
		5	7	9	. 6

100cm는 1m와 같습니다. 그래서 m를 cm로 바꿀 때에는 100을 곱합니다. 수에 100을 곱하는 방법은 자릿수를 왼쪽으로 두 칸 옮기는 것입니다.
예를 들어 볼까요?
637.4×100=63740

만의 자리	천의 자리	백의 자리	십의 자리	일의 자리	소수 첫째 자리
		6	3	7	. 4
	6	3	7	4	
6	3	7	4	0	

STAGE 4 50-51쪽

[도전 문제]

어떤 분수는 다르지만 실제로는 같은 값을 나타냅니다. 아래의 그림에서 색칠한 부분의 크기는 모두 같습니다. 따라서 이 분수들은 크기가 모두 같습니다.

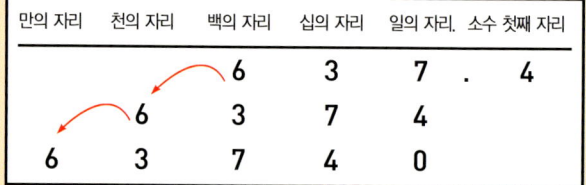

크기가 같은 분수를 만들기 위해서는 분모와 분자에 0이 아닌 같은 수를 곱하거나 나눕니다.

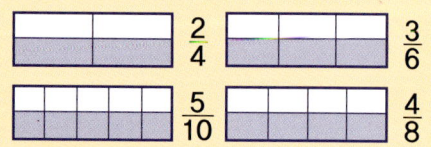

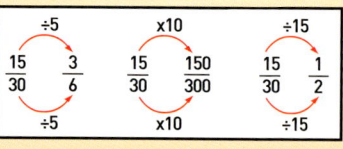

위의 분수들은 모두 크기가 같으며, $\frac{1}{2}$은 분모와 분자를 더 이상 나눌 수 없는 가장 간단한 분수(기약분수)입니다.

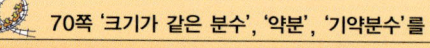

70쪽 '크기가 같은 분수', '약분', '기약분수'를 참고하세요.

STAGE 5 52-53쪽

[롤러코스터 계획서]

각도 구하기 : 각도는 각의 벌어진 정도(각의 크기)를 말합니다. 단위로는 도(°)를 사용합니다. 한 바퀴의 각도는 360°이고, $\frac{1}{4}$바퀴는 90° 또는 직각이라고 부릅니다. 따라서 직각이 네 개 모이면 한 바퀴 즉, 360°가 됩니다.

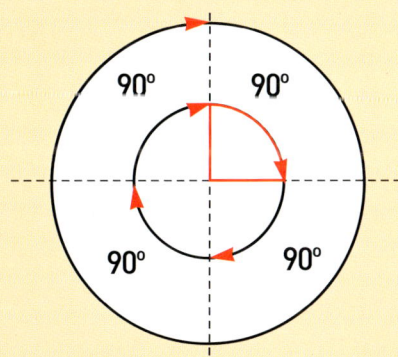

STAGE 6 54-55쪽

[롤러코스터 계획서]

도형의 둘레의 길이는 변의 길이를 모두 더한 것을 말합니다.

[도전 문제]

두 값 사이의 한가운데에 있는 값을 구할 때에는 두 수를 더한 후 반으로 나누면 됩니다.
예를 들어 25와 63 사이의 한가운데에 있는 수를 구하려면, 25와 63을 더합니다.
25 + 63 = 88
이제 반으로 나눕니다.
88 ÷ 2 = 44
■와 ▲ 가운데에 있는 수 구하기 ➡ (■+▲)÷2

 71쪽 '다각형 둘레의 길이'를 참고하세요.

STAGE 7 56-57쪽

[롤러코스터 계획서]

각 열차에 한 번에 몇 명의 사람이 탈 수 있는지 구하려면, 사람의 수를 열차 한 칸에 들어 있는 긴 의자의 수와 곱한 후, 그 값을 열차의 칸 수와 곱하면 됩니다.
1시간 동안 열차가 몇 번 트랙을 도는지 구하려면 60분이 1시간이라는 것을 알고 있어야 합니다.
60분을 열차가 한 번 달리는 데 걸리는 시간으로 나누어 보세요.

[도전 문제]

1시간 동안 몇 명의 사람이 탈 수 있는지 구하려면 각 열차에 탈 수 있는 사람의 총 수(1번 문제의 답)와 1시간 동안 열차가 돌아간 횟수(3번 문제의 답)를 곱합니다.

STAGE 9 60-61쪽

[도전 문제]

몇 주가 며칠인지 알아보려면, 몇 주에 7일을 곱하면 됩니다.
10주=70일, 20주=140일입니다.
또, 예를 들면 1년은 365일입니다. (윤년에는 1년이 366일입니다.

STAGE 10 62-63쪽

[도전 문제]

삼각형을 볼 때, 대칭축을 찾아보세요. 가장 작은 삼각형부터 세기 시작하세요. 그 다음에 차례로 점점 더 큰 삼각형의 개수를 세어 보세요. 이렇게 차례로 세어 가면, 놓치지 않고 모두 다 셀 수 있을 것입니다.

- 이등변삼각형 : 두 변의 길이가 같은 삼각형
- 정사각형 : 네 변의 길이가 같고, 네 각의 크기가 90° (직각)로 같은 사각형
- 직사각형 : 네 각의 크기가 90° (직각)로 같은 사각형

 71쪽 '선대칭도형', '점대칭도형'을 참고하세요.

이해를 돕는 개념 설명

큰 수의 자릿값

숫자	5	4	7	0	1	6	2	5	4	9	9	0	6	3	3	8
자리	천조	백조	십조	조	천억	백억	십억	억	천만	백만	십만	만	천	백	십	일

십억의 자리의 숫자 2의 자릿값은 2000000000(20억), 천조의 자리의 숫자 5의 자릿값은 5000000000000000(5000조)입니다.

크기가 같은 분수

분모와 분자에 0이 아닌 같은 수를 곱해도 분수의 크기는 같습니다.

$\frac{1}{2} = \frac{1 \times 2}{2 \times 2} = \frac{2}{4}$ $\frac{1}{2} = \frac{1 \times 3}{2 \times 3} = \frac{3}{6}$ ➡ $\frac{1}{2} = \frac{2}{4} = \frac{3}{6}$

분모와 분자를 0이 아닌 같은 수로 나누면 크기가 같은 분수가 됩니다.

$\frac{4}{8} = \frac{4 \div 2}{8 \div 2} = \frac{2}{4}$ $\frac{4}{8} = \frac{4 \div 4}{8 \div 4} = \frac{1}{2}$ ➡ $\frac{4}{8} = \frac{2}{4} = \frac{1}{2}$

약분, 기약분수

약분 : 분모와 분자를 그들의 공약수로 나누는 것을 약분한다고 합니다.

$\frac{6}{12}$ 을 약분하기

① 12와 6의 공약수 : 1, 2, 3, 6
② $\frac{6 \div 2}{12 \div 2} = \frac{3}{6}$, $\frac{6 \div 3}{12 \div 3} = \frac{2}{4}$, $\frac{6 \div 6}{12 \div 6} = \frac{1}{2}$

기약분수 : 분모와 분자의 공약수가 1뿐인 분수를 기약분수라고 합니다. 예 $\frac{1}{2}, \frac{2}{3}, \frac{3}{5}$

소수점의 이동

1의 10배는 10, 100배는 100, 1000배는 1000입니다. 1의 $\frac{1}{10}$ 은 0.1, $\frac{1}{100}$ 은 0.01, $\frac{1}{1000}$ 은 0.001입니다.

이런 방법으로 10배, 100배, 1000배는 각각 소수점을 오른쪽으로 1칸, 2칸, 3칸을 이동하고, $\frac{1}{10}, \frac{1}{100}, \frac{1}{1000}$ 은 각각 소수점을 왼쪽으로 1칸, 2칸, 3칸을 이동합니다.

예를 들어, 0.5의 $\frac{1}{100}$ 은 0.005이고, 0.005의 1000배는 5입니다.

모눈종이의 넓이

가로, 세로의 길이가 1cm인 모눈이 있습니다. 이 모눈 한 칸 ☐의 넓이는 1cm²이고, 반으로 나눈 삼각형 ◸의 넓이는 0.5cm²임을 이용하여 색칠한 부분의 넓이를 구할 수 있습니다.

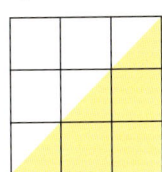

← 색칠한 부분의 넓이는
(☐3개)+(◸3개)=(☐4개)+(◸1개)
=4.5cm²입니다.

다각형 둘레의 길이

다각형은 3개 이상의 변으로 둘러싸인 평면도형입니다. 다각형의 둘레는 도형을 이루고 있는 모든 변의 길이의 합입니다. 도형 아래 둘레의 길이를 구하는 방법을 적어 놓았습니다.

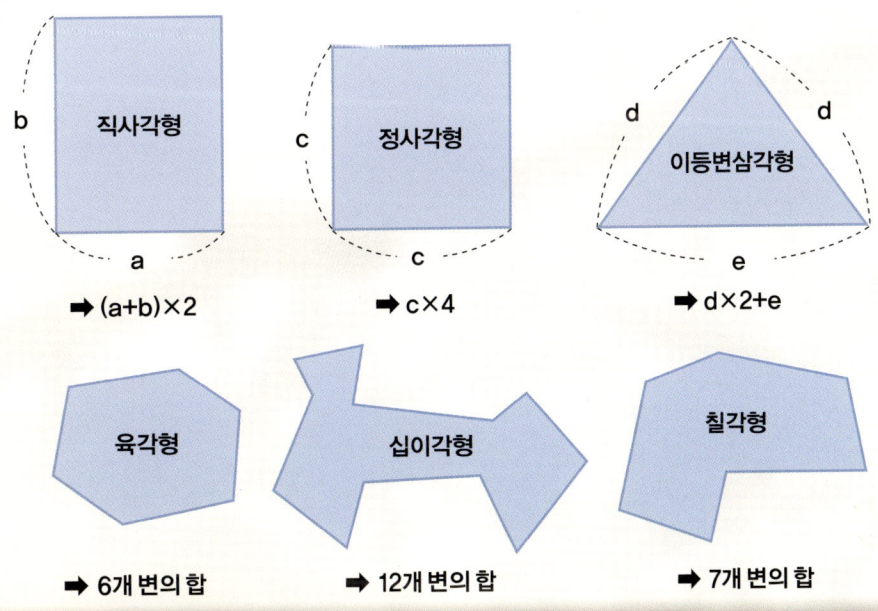

선대칭도형, 점대칭도형

한 직선(대칭축)을 기준으로 정확하게 대칭인 도형을 선대칭도형이라 하고, 한 점(대칭의 중심)을 중심으로 180° 돌려 처음 모양과 겹쳐지는 도형을 점대칭도형이라고 합니다.

정답 및 해설

STAGE 1 12–13쪽

[작업 일지]

(1) (a) 타이베이 101 타워
    (b) 엠파이어 스테이트 빌딩
    (c) 시어스 타워

(2) (a) 21층   (b) 18층
    (c) 41층   (d) 14층
    (a) 101−80=21(층)
    (b) 88−70=18(층)
    (c) 110−69=41(층)
    (d) 102−88=14(층)

(3) (a) 10m   (b) 17m
    (c) 24m   (d) 15m
    (a) 452−442=10(m)
    (b) 391−374=17(m)
    (c) 415−391=24(m)
    (d) 384−369=15(m)

[도전 문제]

(1) (a) 73년   (b) 67년   (c) 43년
    (d) 68년   (e) 72년   (f) 66년
    (g) 65년   (h) 61년   (i) 58년
    엠파이어 스테이트 빌딩은 1931년에 건설되었습니다.
    (a) 2004−1931=73(년) (b) 1998−1931=67(년)
    (c) 1974−1931=43(년) (d) 1999−1931=68(년)
    (e) 2003−1931=72(년) (f) 1997−1931=66(년)
    (g) 1996−1931=65(년) (h) 1992−1931=61(년)
    (i) 1989−1931=58(년)

(2) (a) 876개월   (b) 804개월   (c) 516개월
    (d) 816개월   (e) 864개월   (f) 792개월
    (g) 780개월   (h) 732개월   (i) 696개월
    1년은 12개월이므로 (1)의 년 수에 12를 곱합니다.
    (a) 73×12=876(개월)
    (b) 67×12=804(개월)
    (c) 43×12=516(개월)
    (d) 68×12=816(개월)
    (e) 72×12=864(개월)
    (f) 66×12=792(개월)
    (g) 65×12=780(개월)
    (h) 61×12=732(개월)
    (i) 58×12=696(개월)

STAGE 2 14–15쪽

[작업 일지]

빌딩 이름	기록 보유 기간(년)	높이(m)
크라이슬러 빌딩	1930~1931	약 320
엠파이어 스테이트 빌딩	1931~1972	약 390
월드 트레이드 센터 타워	1972~1974	약 420
시어스 타워	1974~1998	약 450
페트로나스 트윈 타워	1998~2004	약 460
타이베이 101 타워	2004~현재	약 510

(1) (a) 약 320m
    (b) 약 450m

(2) (a) 월드 트레이드 센터 타워
    (b) 엠파이어 스테이트 빌딩
    (c) 타이베이 101 타워

(3) (a) 시어스 타워
    (b) 페트로나스 트윈 타워
    (c) 엠파이어 스테이트 빌딩
    (d) 엠파이어 스테이트 빌딩
    (e) 타이베이 101 타워
    빌딩의 기록 보유 기간을 보고, 높은 빌딩을 찾습니다.

[도전 문제]

(1) (a) 68년   (b) 1년   (c) 74년
    (d) 42년   (e) 44년
    (a) 1998−1930=68(년)
    (b) 1931−1930=1(년)
    (c) 2004−1930=74(년)
    (d) 1972−1930=42(년)
    (e) 1974−1930=44(년)

(2) (a) 70m   (b) 60m
    (c) 10m   (d) 50m
    (a) 390−320=70 → 약 70m
    (b) 450−390=60 → 약 60m
    (c) 460−450=10 → 약 10m
    (d) 510−460=50 → 약 50m

STAGE ③ 16-17쪽

[작업 일지]

(1) 부지 A : 3600m² → 60×60=3600(m²)
   부지 B : 8800m² → 110×80=8800(m²)
   부지 C : 8100m² → 90×90=8100(m²)
   부지 D : 3200m² → 80×40=3200(m²)
   부지 E : 10400m²
        → 100×80+60×80÷2=10400(m²)

(2) (a) 700m² → 8800-8100=700(m²)
   (b) 1600m² → 10400-8800=1600(m²)

(3) 부지 A와 부지 D
   부지 A의 둘레 : (60+60)×2=240(m)
   부지 D의 둘레 : (80+40)×2=240(m)

[도전 문제]

(a) 63000m² → 3600×17.5=63000(m²)
(b) 154000m² → 8800×17.5=154000(m²)
(c) 141750m² → 8100×17.5=141750(m²)
(d) 56000m² → 3200×17.5=56000(m²)
(e) 182000m² → 10400×17.5=182000(m²)

STAGE ④ 18-19쪽

[작업 일지]

(1) A : 138m → 약 140m   B : 214m → 약 210m
   C : 186m → 약 190m   D : 236m → 약 240m
   E : 174m → 약 170m   F : 240m → 약 240m
   F : (61+59)×2=240(m)이므로 일의 자리에서 반올림하면 240m가 됩니다.

(2) A : 1200m² B : 2400m² C : 2400m²
   D : 3200m² E : 2000m² F : 3600m²

	반올림한 가로의 길이(m)	반올림한 세로의 길이(m)	넓이(m²)
A	40	30	40×30=1200
B	60	40	60×40=2400
C	40	60	40×60=2400
D	80	40	80×40=3200
E	50	40	50×40=2000
F	60	60	60×60=3600

[도전 문제]

(a) 50m와 50m   (b) 60m와 40m
(c) 80m와 20m   (d) 90m와 10m
(e) 45m와 55m   (f) 5m와 95m
(g) 49m와 51m

건물의 둘레가 200m이므로 가로의 길이와 세로의 길이의 합이 100m가 되는 수의 조합을 찾아야 합니다. 답은 여러 가지의 경우가 될 수 있습니다.

STAGE ⑤ 20-21쪽

[작업 일지]

(1) A-직육면체(사각기둥)
   B-직육면체(사각기둥), 정육면체(사각기둥), 사각뿔
   C-육각기둥, 육각뿔
   D-사각뿔
   E-원기둥
   F-삼각기둥

(2) A, E, F

(3) (a) 700000m³ → 2000×350=700000(m³)
   (b) 800000m³ → 2000×400=800000(m³)

[도전 문제]

건물 A
   건물 A : 55×60×390=1287000(m³)
   건물 B : 50×61×360=1098000(m³)
   건물 C : 52×55×420=1201200(m³)
   → 건물 A > 건물 C > 건물 B

STAGE ⑥ 22-23쪽

[작업 일지]

(a) 지하 1층   (b) 2층   (c) 지하 2층
(d) 5층   (e) 지하 4층   (f) 6층
(g) 4층   (h) 지하 5층

[도전 문제]

지하 3층
   0층→15층→지하 5층→지하 2층→18층→16층
   →지하 1층→지하 3층

정답 및 해설

STAGE 7 24-25쪽

[작업 일지]
(1) 이등변삼각형 : B, C, E, F
정삼각형 : B, F
(2) C, D
(3) A : 없음 B : 3개 C : 1개
D : 없음 E : 1개 F : 3개

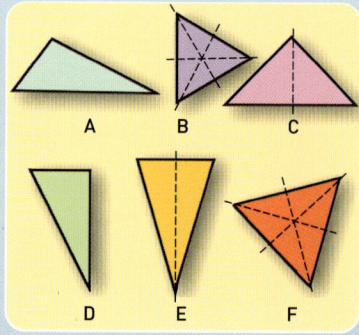

[도전 문제]
(a) 462kg (b) 756kg (c) 1155kg
(d) 1533kg (e) 2719.5kg
1m의 무게는 105kg이므로
(a) 4.4×105=462(kg)
(b) 7.2×105=756(kg)
(c) 11×105=1155(kg)
(d) 14.6×105=1533(kg)
(e) 25.9×105=2719.5(kg)

STAGE 8 26-27쪽

[작업 일지]
2.21, 2.42, 2.57, 2.8, 3, 3.05, 3.4, 3.55

[도전 문제]
(1) 2.21 2.42 2.57 2.8 3 3.05 3.4 3.55

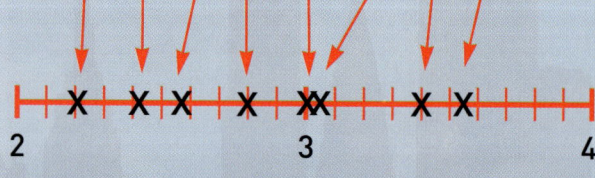

(2) 2.8→2.8 3.55→3.6 3.05→3.1
2.42→2.4 2.57→2.6 3→3
2.21→2.2 3.4→3.4

(3) 2.8→3 3.55→4 3.05→3
2.42→2 2.57→3 3→3
2.21→2 3.4→3

STAGE 9 28-29쪽

[작업 일지]
(1) (a) 66계단 → 22×3=66(계단)
(b) 88계단 → 22×4=88(계단)
(c) 220계단 → 22×10=220(계단)
(d) 352계단 → 22×16=352(계단)
(e) 990계단 → 22×45=990(계단)
(f) 1100계단 → 22×50=1100(계단)
(g) 1540계단 → 22×70=1540(계단)
(h) 2200계단 → 22×100=2200(계단)
각 층에 계단 22개씩 곱해 주면 됩니다.
(2) 약 350cm
22×16=352(cm)→ 약 350cm
(3) 약 525m
350×150=52500(cm)→ 약 525m

[도전 문제]

	건물의 높이 (층수)×3	일반 엘리베이터 (높이)÷6	고속 엘리베이터 (높이)÷10	두 엘리베이터의 시간 차이
10층	30m	5초	3초	2초
25층	75m	12.5초	7.5초	5초
54층	162m	27초	16.2초	10.8초
72층	216m	36초	21.6초	14.4초
110층	330m	55초	33초	22초

(1) (a) 5초 (b) 12.5초 (c) 27초
(d) 36초 (e) 55초
1초에 6m씩 움직이고, 한 층은 3m입니다.
(2) (a) 3초 (b) 7.5초 (c) 16.2초
(d) 21.6초 (e) 33초
(3) (a) 2초 (b) 5초 (c) 10.8초
(d) 14.4초 (e) 22초

STAGE 10 30-31쪽

[작업 일지]
(1) (a) 2월 25일   (b) 3월 10일   (c) 3월 31일
    (d) 4월 14일   (e) 6월 2일   (f) 6월 30일
(2) (a) 약 1년   (b) 약 2년
    (a) 52층은 52×7=364(일)로 약 1년 후가 됩니다.
    (b) 104층은 52층의 2배가 되므로 약 2년 후가 됩니다.
(3) (a) 1층   (b) 3층   (c) 6층   (d) 12층

[도전 문제]
(1) 208주   (2) 약 49개월   (3) 약 4년
(1) 1456일÷7=208주
(2) 1456일÷30 → 약 49개월
(3) 1456일÷365 → 약 4년

STAGE 11 32-33쪽

[작업 일지]
(1) 16060개
    층당 창문의 수가 146개이고, 층수가 110층이므로
    창문은 모두 146×110=16060(개)입니다.
(2) 85m
    527-442=85(m)
(3) 약 280피트
    85×3.3=280.5(피트) → 약 280피트
(4) 69000000kg
    69000×1000=69000000(kg)
(5) 4900m²
    70×70=4900(m²)

[도전 문제]
(a) 100cm   (b) 90cm   (c) 88cm   (d) 84cm
(e) 83cm   (f) 78cm   (g) 77cm   (h) 75cm
각 건물의 높이를 500으로 나눈 후 cm 단위로 바꿉니다.

(a) 500m	500÷500=1(m)	100cm
(b) 450m	450÷500=0.9(m)	90cm
(c) 440m	440÷500=0.88(m)	88cm
(d) 420m	420÷500=0.84(m)	84cm
(e) 415m	415÷500=0.83(m)	83cm
(f) 390m	390÷500=0.78(m)	78cm
(g) 385m	385÷500=0.77(m)	77cm
(h) 375m	375÷500=0.75(m)	75cm

34-35쪽

[마무리 도전 문제]
1. 2248000m³
   (두 건물의 부피)+(통로의 부피)
   =80×40×210×2+30×40×40
   =1344000+48000
   =1392000(m³)

2. 나
   길이의 단위를 m로 통일하여 계산합니다.
   가 : (70+25)×2=190(m)
   나 : 35×4=140(m)
   다 : (41+38)×2=158(m)

3. (1) 초고속 엘리베이터 : 16.8m
       일반 엘리베이터 : 10m
   초고속 엘리베이터 : 1008÷60=16.8(m)
   일반 엘리베이터 : 600÷60=10(m)
   (2) 초고속 엘리베이터 : 100.8m
       일반 엘리베이터 : 60m
   초고속 엘리베이터 : 16.8×6=100.8(m)
   일반 엘리베이터 : 10×6=60(m)
   (3) 47.6m
   (1초 동안 움직인 높이의 차)×7초
   =(16.8-10)×7=6.8×7=47.6(m)

4. 1928일
   1980년 2월 19일~1980년 12월 31일
   → 366-(31+18)=317(일)
   1981년 1월 1일~1983년 12월 31일
   → 365×3=1095(일)
   1984년 1월 1일~1984년 12월 31일
   → 366일
   1985년 1월 1일~1985년 5월 30일
   → 31+28+31+30+30
   =31×2+30×2+28=150(일)
   따라서 공사 기간은 모두
   317+1095+366+150=1928(일)입니다.

정답 및 해설

STAGE 1 44-45쪽

[롤러코스터 계획서]

(1) (a) 킹다 카 (b) 킹다 카
    (c) 다이타라사우라스 (d) 빅 디퍼

(2) (a) 105m

킹다 카의 높이는 139m, 비스트의 높이는 34m이므로 139-34=105(m) 차이가 납니다.

(b) 100m

탑 스틸 드래그스터는 128m, 다이타라사우라스의 높이는 28m이므로 128-28=100(m) 차이가 납니다.

(c) 66m

타워 오브 테러는 115m, 보이지는 49m이므로 115-49=66(m) 차이가 납니다.

(3) 얼티메이트, 타워 오브 테러

타워 오브 테러의 속도는 160km/시, 얼티메이트는 80km/시이므로 2배의 차이가 납니다.

(4) (a) 5년

도돈파는 2001년, 보이지는 2006년에 개장했으므로 2006-2001=5(년)입니다.

(b) 12년

얼티메이트는 1991년, 비스트는 1979년에 개장했으므로 1991-1979=12(년)입니다.

(c) 82년

빅 디퍼는 1923년, 하데스는 2005년에 개장했으므로 2005-1923=82(년)입니다.

[도전 문제]

(1) 타워 오브 테러 - 탑 스틸 드래그스터 - 킹다 카 - 빅 디퍼 - 도돈파 - 하데스 - 보이지 - 밀레니엄 포스 - 비스트 - 얼티메이트 - 다이타라사우라스

(2) (a) 6개

최고 속도가 105km/시보다 빠른 것을 찾으면 됩니다.

(b) 1개
(c) 3개

(3) (a) 56년 (b) 82년
    (c) 77년 (d) 68년

빅 디퍼는 1923년에 개장했습니다.

STAGE 2 46-47쪽

[롤러코스터 계획서]

(1) (a) 부지 C (b) 부지 D
    (c) 부지 D (d) 부지 C

(2) (a) (3, 5) (b) (1, 4)
    (c) (6, 4) (d) (0, 4)

[도전 문제]

(1) 부지 B : 15칸
    부지 C : 24칸
    부지 D : 17칸

(2) 부지 C

부지 A의 둘레는 1칸짜리 8개, 대각선 4개, 2칸짜리 대각선 2개로 이루어져 있습니다.
부지 B의 둘레는 1칸짜리 13개, 대각선 4개, 2칸짜리 대각선 1개로 이루어져 있습니다.
부지 C의 둘레는 1칸짜리 26개, 2칸짜리 대각선 4개로 이루어져 있습니다.
부지 D의 둘레는 1칸짜리 13개, 대각선 6개, 2칸짜리 대각선 3개로 이루어져 있습니다.
비교해 보면 부지 C가 가장 깁니다.

(3) 부지 A, 부지 B, 부지 D, 부지 C

STAGE 3 48-49쪽

[롤러코스터 계획서]

2번과 5번 계획

2번과 5번 이외에 다른 롤러코스터 계획은 첫 번째 언덕보다 높은 언덕이 뒤에 있습니다. 다음은 단위를 m로 통일하여 쓴 표입니다.

계획	첫 번째 언덕	두 번째 언덕	세 번째 언덕	네 번째 언덕
1	87m	42m	90m	32m
2	100m	76m	50m	20m
3	50.2m	52m	5.4m	12m
4	60m	60.5m	60m	35m
5	72.8m	50m	43.6m	50m

[도전 문제]

(1) (a) 2280cm(22.8m) (b) 2920cm(29.2m)
    (c) 2280cm(22.8m)

(2) 0.0728km, 7280cm, 72800mm

STAGE 4 50-51쪽

[롤러코스터 계획서]

(1) 십각형

D의 땅 모양은 10개의 변으로 이루어진 도형이므로 십각형입니다.

(2) 순서대로

구각형	육각형	십각형	칠각형
오각형	사각형	삼각형	팔각형

[도전 문제]

(1) 예 $\dfrac{48}{72}, \dfrac{12}{18}, \dfrac{8}{12}, \dfrac{6}{9}, \dfrac{4}{6}, \dfrac{2}{3}$

(2) $\dfrac{2}{3}$

(3) $\dfrac{7}{9} \rightarrow \dfrac{28}{36} = \dfrac{7}{9}$

STAGE 5 52-53쪽

[롤러코스터 계획서]

(1) (a) **1440°** → 360°×4=1440°
 (b) **2160°** → 360°×6=2160°
 (c) **1800°** → 360°×5=1800°

(2) (a) **16개** (b) **24개** (c) **20개**
 (a) 1440°÷90=16(개)
 (b) 2160°÷90=24(개)
 (c) 1800°÷90=20(개)
 다른 풀이: 한 바퀴(360°)는 직각 4개가 모여서 만들어지므로 (a) 4×4=16(개) (b) 4×6=24(개) (c) 4×5=20(개)

[도전 문제]

도는 각도	한 바퀴의 몇 분의 몇인가요?	분수를 가장 간단히 표현하면? (기약분수로 나타내기)
90°	$\dfrac{90}{360}$	$\dfrac{1}{4}$
270°	$\dfrac{270}{360}$	$\dfrac{3}{4}$
45°	$\dfrac{45}{360}$	$\dfrac{1}{8}$
60°	$\dfrac{60}{360}$	$\dfrac{1}{6}$
30°	$\dfrac{30}{360}$	$\dfrac{1}{12}$
15°	$\dfrac{15}{360}$	$\dfrac{1}{24}$

STAGE 6 54-55쪽

[롤러코스터 계획서]

(1) **52m와 78m**
 안쪽의 둘레: 6×7+5×2=42+10=52(m)
 바깥쪽 둘레: 9×7+7.5×2=63+15=78(m)

(2) **31.2m와 46.8m**
 안쪽 둘레: 3.6×7+3×2=25.2+6=31.2(m)
 바깥쪽 둘레: 5.4×7+4.5×2=37.8+9=46.8(m)

[도전 문제]

고리 A : 65m
 (52+78)÷2=65(m)

고리 B : 39m
 (31.2+46.8)÷2=39(m)

STAGE 7 56-57쪽

[롤러코스터 계획서]

(1) **열차 D**
 열차 A : 24명 열차 B : 30명
 열차 C : 18명 열차 D : 32명
 따라서 열차 D에 가장 많은 사람이 탈 수 있습니다.

(2) **열차 D**

(3) (a) **20번**
 1시간은 60분이므로 60÷3=20(번)
 (b) **15번**
 1시간은 60분이므로 60÷4=15(번)
 (c) **30번**
 1시간은 60분이므로 60÷2=30(번)
 (d) **12번**
 1시간은 60분이므로 60÷5=12(번)

[도전 문제]

(1) **열차 C**
(2) **열차 D**
 열차 A : 20×24=480(명)
 열차 B : 15×30=450(명)
 열차 C : 30×18=540(명)
 열차 D : 12×32=384(명)

정답 및 해설

STAGE 8 58-59쪽

[롤러코스터 계획서]

(1) (a) 사십삼 미터
   (b) 백칠십 개의 나무 막대
   (c) 구백 개의 다리
   (d) 천이백 개의 연결 부속
   (e) 천사백사십일 미터
   (f) 천팔백팔십이 개의 레일
   (g) 천칠백십 개의 강철 막대
   (h) 삼천구백 개의 부속

(2) (a) 440000 (b) 27000 (c) 302056300
   (d) 1407   (e) 5000308

(3) 42, 169, 899, 1199, 1440, 1881, 1711, 3899

[도전 문제]

(1) (a) 40   (b) 3000
   (c) 800   (d) 7000
   (e) 2   (f) 50000
   (g) 400000

(2) (a) 4   (b) 300
   (c) 80   (d) 700
   (e) 0.2   (f) 5000
   (g) 40000

STAGE 9 60-61쪽

[롤러코스터 계획서]

49주에서 54주 사이
측량 : 1~2주
기초 공사 : 12주
구조물 세우기 : 24주
트랙 만들기 : 8~12주
기계 장치 설치 : 4주
모두 더하면 49주에서 54주 사이가 됩니다.

[도전 문제]

(1) **343일에서 378일 사이**
49주에서 54주 사이가 걸리므로 49×7=343(일)에서 54×7=378(일) 사이가 걸립니다.

(2) **1년**
343에서 378일이 걸리므로 1년에 가장 가깝습니다.

STAGE 10 62-63쪽

[롤러코스터 계획서]

(1) (왼쪽에서부터 순서대로)
   이등변삼각형, 오각형, 육각형, 육각형, 정사각형, 직각삼각형, 직사각형

(2) 직각삼각형, 정사각형, 직사각형

(3) 이등변삼각형, 정사각형, 직사각형

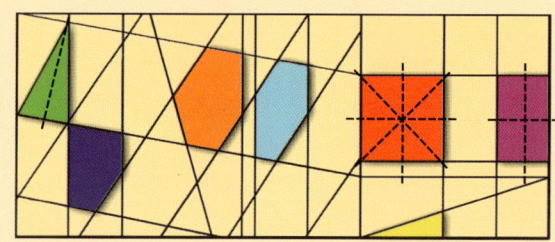

[도전 문제]

27개
1칸으로 만든 가장 작은 정삼각형 16개, 4칸으로 만든 정삼각형 7개, 9칸으로 만든 정삼각형 3개, 16칸으로 만든 정삼각형 1개이므로 모두 16+7+3+1=27(개)입니다.

→ 한 칸짜리 : 16개

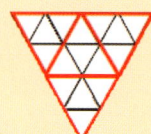 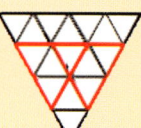 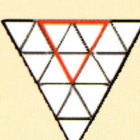
→ 4칸짜리 : 7개

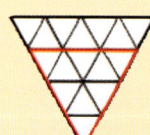 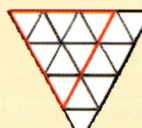 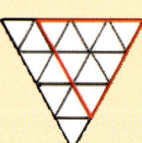
→ 9칸짜리 : 3개

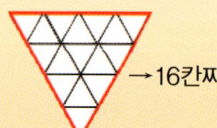
→ 16칸짜리 : 1개

STAGE 11 64-65쪽

[롤러코스터 계획서]

(1) (a) 약 35m　(b) 약 30m
　　(c) 약 35m　(d) 약 42m
(2) (a) 약 0.5초　(b) 약 12초
(3) (a) 1번　(b) 4번　(c) 5번
　　(d) 3번　(e) 2번

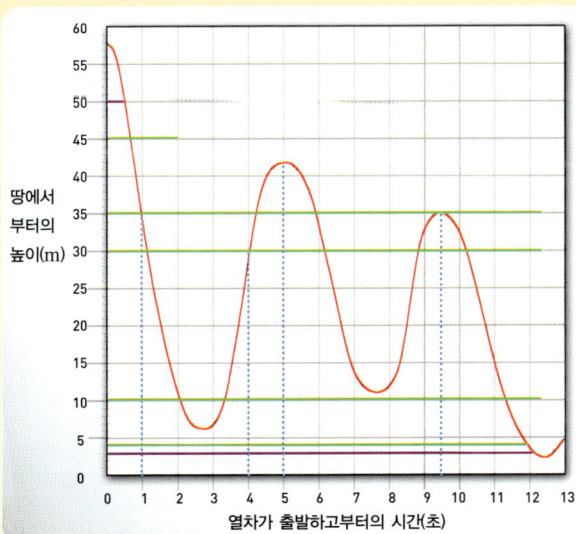

[도전 문제]

(1) 58m, 42m, 35m
(2) 16m
(3) 7m
(4) (a) 약 25m　(b) 약 35m　(c) 약 15m　(d) 약 25m

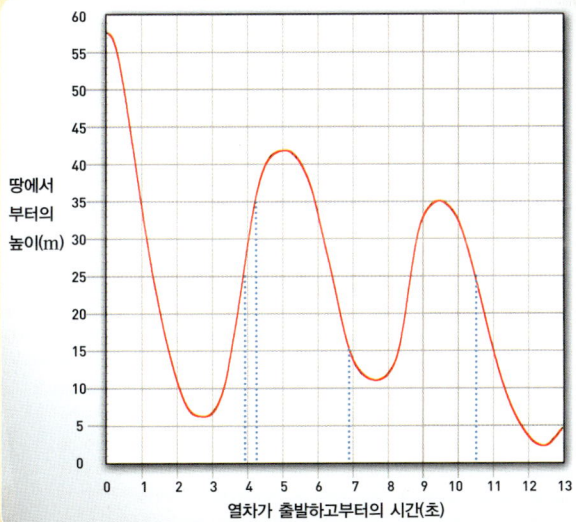

66-67쪽

[마무리 도전 문제]

1. (1) 36개
　한 칸짜리 : 9개
　두 칸짜리 : 12개
　세 칸짜리 : 6개
　네 칸짜리 : 4개
　여섯 칸짜리 : 4개
　아홉 칸짜리 : 1개
　따라서 모두 36개입니다.
　(2) 14개
　한 칸짜리 : 9개
　네 칸짜리 : 4개
　아홉 칸짜리 : 1개
　따라서 모두 14개입니다.

2. (1) 약 270일
　9×30=270 → 약 270일
　(2) 2009년 1월 8일
　2008년 4월 9일부터 9개월 후는 2009년 1월 8일입니다.

3. $1\frac{3}{4}$
　전체 회전한 각도는 90°+270°+270°=630°이므로 360°에 대하여 $\frac{630}{360}=\frac{7}{4}=1\frac{3}{4}$ 입니다.

4. 버팀대 : 250개, 다리, 가로대, 대각선 : 각 750개씩, 볼트 : 1000개
　3m마다 버팀대가 필요하므로 트랙 전체에서는 750÷3=250(개)의 버팀대가 필요합니다.
　그렇다면 다리, 가로대, 대각선의 개수는 3×250=750(개)씩 필요하고, 볼트는 4×250=1000(개)가 필요합니다.

5. (1) 기정, 지은, 태형
　(2) 130cm

이름	나이	키
기정	10살	1360mm=136cm
지은	9+3=12살	129+6=135(cm)
유정	12살	12×6+51=123(cm)
태형	12살	12×13-13=143(cm)
선우	10살	136+123-129=130(cm)
하은	9살	1.29m=129cm
현지	11살	143-15=128(cm)

디스커버리 수학 6권

1판 1쇄 | 2008년 10월 27일
지은이 | 힐러리 콜 Hilary Koll, 스티브 밀스 Steve Mills,
윌리엄 베이커 William Baker, 코리 T. 키퍼트 Korey T. Kiepert
옮긴이 | 나온교육연구소

펴낸이 | 김영곤

개발실장 | 이유남
책임개발 | 조국향
기획개발 | 신동한, 신정숙, 김수경, 탁수진, 조국향
마케팅 | 주명석, 김연주, 김보미
영업 | 최창규, 서재필, 홍경욱
디자인 | 씨디자인

펴낸곳 | ㈜ 북이십일 아울북
등록번호 | 제10-1965호

주소 | 경기도 파주시 교하읍 문발리 파주출판정보산업단지 518-3(413-756)
전화 | 031-955-2154(마케팅), 031-955-2116(영업), 031-955-2444(내용문의)
팩스 | 031-955-2177

홈페이지 | www.keystudy.co.kr

값 10,000원
ISBN 978-89-509-1594-0
세트 ISBN 978-89-509-1604-6

USING MATHS

Copyright © ticktock Entertainment Ltd 2004
First published in Great Britain in 2004 by ticktock Media Ltd.

Korean translation copyright © 2008 by BOOK21 AWLBOOK
The Korean translation edition is published by arrangement
with ticktock Entertainment Ltd. through Young Agency.

이 책의 한국어판 저작권은 영에이전시를 통한
영국 틱톡사와 독점 계약한 ㈜ 북이십일 아울북에 있습니다.
저작권법에 의해 한국 내에서 보호를 받는 저작물이므로 무단 전재와 복제를 금합니다.